Anonymous

Reise der Österreichischen Fregatte Novara

Um die Erde in den Jahren 1857, 1858, 1859 unter den Befehlen des Commodore B.

von W. - 3. Band

Anonymous

Reise der Österreichischen Fregatte Novara
Um die Erde in den Jahren 1857, 1858, 1859 unter den Befehlen des Commodore B. von W. - 3. Band

ISBN/EAN: 9783744669016

Hergestellt in Europa, USA, Kanada, Australien, Japan

Cover: Foto ©ninafisch / pixelio.de

Weitere Bücher finden Sie auf **www.hansebooks.com**

REISE
DER
ÖSTERREICHISCHEN FREGATTE NOVARA
UM DIE ERDE
IN DEN JAHREN 1857, 1858, 1859
UNTER DEN BEFEHLEN DES COMMODORE
B. VON WÜLLERSTORF-URBAIR.

ZOOLOGISCHER THEIL.
ZWEITER BAND.
ZWEITE ABTHEILUNG:
LEPIDOPTERA
VON
DR. CAJETAN FELDER, RUDOLF FELDER
UND
ALOIS F. ROGENHOFER.

ATLAS.
MIT TAFELN I–140.

Herausgegeben im Allerhöchsten Auftrage unter der Leitung der kaiserlichen Akademie der Wissenschaften.

WIEN.
AUS DER KAISERLICH-KÖNIGLICHEN HOF- UND STAATSDRUCKEREI.
1864–1867.
IN COMMISSION BEI CARL GEROLD'S SOHN.

LEPIDOPTERA

VON

D?. CAJETAN FELDER

WIRKLICHEM MITGLIEDE DER KAIS. AKADEMIE DER WISSENSCHAFTEN IN WIEN, DER KAIS. LEOP. CAROL. D.
AKADEMIE DER NATURFORSCHER, EHRENMITGLIEDE DER NIEDERLÄNDISCHEN UND RUSSISCHEN ENTOMOLO-
GISCHEN GESELLSCHAFTEN, DER SOCIEDAD DE NATURALISTAS NEOGRANADINOS, MITGLIEDE DER K. K. ZOOLO-
GISCH-BOTANISCHEN GESELLSCHAFT UND DER K. K. GEOGRAPHISCHEN GESELLSCHAFT IN WIEN, DER SOCIÉTÉ
ENTOMOLOGIQUE DE FRANCE, DER ENTOMOLOGISCHEN GESELLSCHAFT VON PHILADELPHIA, CORRESPONDENTEN
DER K. K. GEOLOGISCHEN REICHS-ANSTALT ETC. ETC.

D. Z. BÜRGERMEISTER DER REICHSHAUPTSTADT WIEN UND LANDMARSCHALL-STELLVERTRETER IN NIEDER-
ÖSTERREICH,

VON

RUDOLF FELDER

MITGLIEDE DER K. K. ZOOLOG. BOTAN. GESELLSCHAFT IN WIEN

UND

ALOIS F. ROGENHOFER

CUSTOS AM ZOOLOG. HOFCABINETE, ERSTEM SECRETÄR DER K. K. ZOOLOG. BOTANISCHEN GESELLSCHAFT ZU
WIEN ETC.

ATLAS VON 110 TAFELN — MIT 2500 ABBILDUNGEN.

WIEN

AUS DER KAISERLICH KÖNIGLICHEN HOF- UND STAATSDRUCKEREI

1864 - JULI 1875.

IN COMMISSION BEI CARL GEROLD'S SOHN.

Inhalts-Verzeichniss

der auf den Tafeln I bis LXXIV, Novara-Expedition, zoologischer Theil, Band II. Abtheilung 2. abgebildeten

Rhopalocera.

	Tafel	Figur
Acraea vicinae Felder	XLVI	12 & 13
„ rogera F.	„	10 & 11
„ callianthe F.	„	6 & 7
„ eresia F.	„	4 & 5
„ erinome F.	„	1
„ trimacia F.	„	2 & 3
„ vestalis F.	„	8 & 9
Acrophthalmia chione F.	LXVIII	12 & 13
Adolias unska F.	LVIII	1
„ miura F.	„	4 & 5
„ puempus F.	„	2 & 3
Allotinus fallax F.	XXXV	24–26
„ major F.	„	29–31
„ subviolaceus F.	„	27 & 28
Amarynthis hypochalybe F.	XXXVII	21 & 22
Amblypodia agathon F.	„	23 & 26
Amyluesphu gracilis F.	LXXIV	26
„ melanomera F. (in tab. melanurus)	„	29 & 30
Anops burnini F.	XXVIII	16 & 17
„ celebensis F.	„	14 & 15
„ malayica F.	„	18
„ togalica F.	„	19 & 20
Anthocharis eobura F.	XXV	1 & 2
Anthopsyche Heuglini F.	„	4
Antirrhoea gergos F.	LXVII	1 & 2
„ hela F.	LXVI	5 & 6
„ Lindigii F.	„	1 & 2
„ philopoemen F.	„	3 & 4
Apatura vesa F.	LVII	2
„ angelina F.	„	6
„ elothilda F.	„	4 & 5
„ griseldis F.	„	1
„ rhea F.	„	3
Apudemia nereus F.	XXXVII	15 & 16
Argynnis cnidia F.	I.	5 & 6
„ diana Cramer	„	3 & 4
„ werhype F.	„	1 & 2
Arhopala aytosi F.	XXIX	11
„ alesia F.	„	18
„ amphea F.	„	19
„ amphimuta F.	„	8
„ araxes F.	„	3–5
„ arsenius F.	„	15
„ chinensis F.	„	10
„ disparilis F.	XXVIII	1 & 5
„ eridanus F.	XXIX	16 & 17

1

	Tafel	Figur
Arhopala inornata F.	XXIX	12
» lycaenaria F.	»	13
» makuta F.	»	14
» nobilis F.	»	6
» philander F.	»	9
» tyrannus F.	»	1 & 2
» cithara F.	»	7
Arhovia bohoraca F.	XXXVIII	3 & 4
» potanin F.	»	5 & 6
Athyma juvasta F.	LVI	1—3
» nereis F.	»	4
Athyrtis mechanitis F.	XLIV	2
Avatthasgrilus Schroderi F.	XXXII	12 & 13
Batesia hypoxantha F.	LIII	1 & 2
Bletogona vagesalis F.	LXVIII	6 & 7
Callidryas eurema F.	XXVI	9—11
Catadon punctata F.	XXXVI	18 & 19
Catacrocephalus agathoodes F.	LXXIV	16 & 17
» arpalus F.	»	11
» dentidentus F.	»	7 & 8
» epiletus F.	»	9 & 10
» cordatus F.	»	18 & 19
» temperand s F.	»	14 & 15
» peducuat s F.	»	12 & 13
Catagramma vesta F.	LIII	12 & 13
Ceratinia vestae F.	XLIV	13
Cethosia eglalaea F.	XLVIII	1 & 2
» neryina F.	»	3 & 4
» Nietneri F.	»	5 & 6
» niketina F.	»	7 & 8
Chaeronea corinthus F.	LXXIII	1
» quercus F.	»	2
Chamaelimnas tircis F.	XXXVIII	17 & 18
Charaxes schatzi ... F.	LIX	6 & 7
» beranus F.	»	1 & 2
» cinus F.	LVIII	6 & 7
» Hausstii F.	LIX	3 & 4
» jalysus F.	»	5
Charis theodora F.	XXXVI	22 & 23
Chionobas orcabuensis F.	LXIX	4 & 5
» paunites F.	»	6 & 7
Cirrhochroa faucata F.	XLIX	9 & 10
» aviana F.	»	7 & 8
» regina F.	»	5 & 6
» semictaenia F.	»	3 & 4
» thule F.	»	1 & 2
Cleosine lewisi F.	LXII	5 & 6
Colias eogene F.	XXVII	7
» ladakensis F.	»	8 & 9
» thrapis F.	»	6—8
Crenua phegus F.	XXVI	23 & 24
Crenosoma leopardinum F.	»	29 & 30
Crenosoma phoretima F.	XXXVI	16 & 17
Cyane Dejeanii F.	LIII	3 & 4
Cyrestis pativa F.	LI	7 & 8
Daedalma docinda F.	LXVII	3 & 4
Danais citrina F.	XLII	5—7

	Tafel	Figur
Danais leucoglene F.	XLIII	2
" tenpessii F.	"	1
" philo F.	XLII	8
" taprobana F.	"	3
" citrina F.	XLIII	3 & 4
Debis dorcus F.	XLVIII	4 & 5
Desmozoma hemicanda F.	XXXVII	17 & 18
Diadema polynaea F.	LV	5 & 6
" cycla F.	–	1 – 4
Diophthalma amphithalma F.	XXXVIII	7 & 8
" philine F.	"	9 & 10
Dipsas Westermanni F.	XXX	21 & 22
Doleschallia australis F.	LI	1 & 2
Dryas cinarea F.	XXXVIII	13 & 14
Enesis cypria F.	XXXVI	12 & 13
Epinephele cœnonympha F.	LXIX	14 & 15
" glauca F.	LXVII	5 & 6
" patricia F.	LXIX	16
" cara F.	"	12 & 13
Eresia castilla F.	L.	7 – 10
" leucodesma F.	"	11 & 12
Ergolis chorius F.	LXI	3 & 4
" tæniata F.	"	1 & 2
Eronia phocæa F. (in tab. phaocæa)	XXVII	5 & 6
Erycina paurus F.	XXXVI	7 & 8
Esthemopsis clonia F.	XXXVIII	11 & 12
Euchemis alector F.	LXXI	2 & 3
" cetenus F.	LXXII	13 & 14
" formosus F.	LXXI	6 & 7
" harpagus F.	LXX	11 & 12
" acrinus F.	LXXI	4 & 5
" niceus F.	"	1
" incognitus F.	LXX	13 & 14
Eucides heliconioides F.	XLVI	16
" eanophanes F.	"	14 & 15
Evenius melongastes F.	LXIX	17 & 18
Euploea asimilata F.	XLI	2 & 3
" configurata F.	XLII	1 & 2
" Curtisi F.	XXXIX	1 & 2
" Frauenfeldii F.	XLI	4
" Grotei F.	"	7
" Heverichii F.	XXXIX	3 & 4
" Heuttnerii F.	XL	7
" Hopfferi F.	XLI	1
" Horsfieldii F.	XL	1
" Lederei F.	"	5 & 6
" Novaræ F.	XXXIX	5
" Schlegelii F.	XLI	5
" siamensis F.	"	6
" Wallacei F.	XXXIX	5 & 6
" Westwoodii F.	XL	1 – 3
Eurema atropos F.	LI	5 & 6
Eschinia megalonice F.	"	3 & 4
Europus elytra F.	LV	7
Euryhia donna F.	XXXVI	5 & 6
Eurytela Castelnani F.	LXI	5 & 6
Euterpe calymma (vide Pieris calymma F.)	XXIII	7
" europa F.	XXIII	8
" eritas F.	"	13 & 14

	Tafel	Figur
Euterpe pitana F.	XXIII	9 & 10
» *tomyris* F.	»	1 & 2
» *tmezone* F.	»	3 & 4
» *Urica cleae* F.	»	11 & 12
» *zeuxbia* F.	»	5 & 6
Fannia araneana F.	LII	9 & 10
» *adgaspina* F.	»	1 & 2
» *paurana* F.	»	11 & 12
» *tithonia* F.	»	6—8
» *roquinia* F.	»	3—5
Helias alloplaea F.	LXXIII	18 & 19
» *geometrina* F.	LXXIV	5
» *hiena nympha* F.	LXXIII	16 & 17
» *meriana* F.	»	20
» *iosodon* F.	LXXIV	1 & 2
» *satyrion* F.	»	4
» *sargus* F.	»	3 & 4
Heliconius aliphera F.	XLVII	6
» *cassandra* F.	»	3 & 4
» *digma* F.	»	5
» *Linduigi* F.	»	1 & 2
» *Xenoceres* F.	»	8
» *polychrous* F.	»	7
Hesperia acutorostris F.	LXXII	10
» *augustus* F.	»	5
» *Borotoc dui* F.	LXXI	11
» *callirrhoe* F.	»	9 & 10
» *c-incegara* F.	»	19
» *celsoae* F.	»	12
» *eulepis* C.	LXXII	12
» *phoenoeus* F.	»	7—9
» *Furta-tei* F.	»	11
» *frondosavia* F.	LXXI	15 & 16
» *linca* F.	LXXIII	4 & 5
» *lourettii* F.	LXXI	8
» *Lindiciana* F.	LXXII	3 & 4
» *orasus* F.	»	6
» *plenckeda* F.	LXXI	20
» *pultivenae* F.	»	17 & 18
» *verderans* F.	»	13 & 14
» *sebaina* F.	LXII	1 & 2
Hestia agrameshinoe F.	XLIII	7
Heteroclosa justina F.	LVII	10 & 11
» *urleus* F.	»	7
» *Junoie* F.	»	8 & 9
Holochila obscurata F.	XXXII	14—16
Hymenitis liberia F.	XLV	8
Hypochrysops onachus F.	XXXII	3—5
» *chrysanth* F.	»	1 & 2
» *Iudere di* F.	»	6 & 7
Hypolycaena narada F.	XXX	17 & 18
» *dicuma* F.	»	19 & 20
» *sipylus* F.	»	15 & 16
Ithorpsis anais F.	XLIII	6
» *chloris* F.	XLII	5
» *phaenis* F.	XLIII	5

	Tafel	Figur
Idmais jatus F.	XXV	3
„ vitrium F.	XXVII	3 & 4
Ismene discolor F.	LXXII	17
„ Tentschallii F.	–	16
„ gentiana F.	–	18 & 19
„ mahagoni F.	–	15
„ septentrionis F.	LXXIII	5
„ subcaudata F.	LXXII	20 & 21
Ixidens adelsa F.	LIV	1 & 2
Iudeinan lampropilus F.	LXXIV	20
„ citatus F.	–	21
Ithomia agarista F.	XLIV	10
„ diceana F.	XLV	3 & 4
„ d'urillei F.	XLIV	7 & 8
„ hemixanthe F.	XLV	1
„ megalopolis F.	XLIV	9
„ olycus F.	–	5 & 6
„ pantherale F.	XLV	2
„ quiteina F.	XLIV	11 & 12
„ susianus F.	–	3 & 4
Ite micropis corcus F.	XXXVIII	1 & 2
Laogona hippulus F.	LI	9 & 10
Lasiommata marcesides F.	LXIX	1
Lemonius albicus F.	XXXVII	1—4
„ caecius F.	–	7 & 8
„ chilensis F.	–	13 & 14
„ evlehis F.	–	5 & 6
„ Kadenii F.	–	11 & 12
„ sparthias F.	–	9 & 10
Leprieuris octauekrais F.	XXXVIII	25
Leptalis orcadia F.	XXII	1—3
„ orsina F.	–	9 & 10
„ e-scitifera F.	–	11
„ haynialata F.	–	7 & 8
„ naera F.	–	1—6
Leptocircus decius F.	XXI	b
„ cnasus F.	–	a
Leucochitonea crusian F.	LXXIV	23 & 24
„ kollei F.	–	25
„ stigma F.	–	26 & 27
„ unifasciata F.	–	22
Libythea antipoda Boisd.	XLII	9 & 10
Lycaena deus F.	XXXIII	27 & 28
„ alecta F.	XXXIV	23
„ alcmas F.	XXXIII	15 & 16
„ amphissa F.	XXXIV	16 & 17
„ anegea F.	–	5
„ apollonius F.	XXXIII	3
„ arrenas F.	XXXIV	7 & 8
„ athena F.	–	26 & 27
„ beyal F.	–	36
„ biocellata F.	XXXV	14
„ brukovina F.	–	15 & 16
„ evalues F.	XXXIII	11 & 12
„ cagaps F.	XXXIV	14—15
„ calothacius F.	XXXIII	7
„ claudus F.	XXXIV	20—22
„ dilutus F.	XXXV	12 & 13
„ hymetus F.	XXXIII	22—24

	Tafel	Figur
Lycaena iliensis F.	XXXIII	25 & 26
„ *inops* F.	„	4—6
„ *kaukena* F.	XXXIV	37
„ *kukuschka* F.	„	24 & 25
„ *kuntuluum* F.	„	6
„ *macrophthalma* F.	„	35
„ *metallica* F.	XXXV	7—9
„ *miniderus* F.	XXXIII	13 & 14
„ *minitura* F.	XXXIV	9 & 10
„ *negus* F.	XXXV	1 & 2
„ *nomen* F.	XXXIV	14 & 15
„ *nora* F.	„	31
„ *Oshegi* F.	XXXV	6
„ *partulus* F.	XXXIV	1—3
„ *pulagea* F.	„	28 & 29
„ *persica* F.	„	4
„ *phalogenius* F.	XXXIII	1 & 2
„ *pindus* F.	„	17 & 18
„ *podareur* F.	XXXV	22 & 23
„ *proditeles* F.	„	5
„ *segittigera* F.	„	20 & 21
„ *sevircon* F.	XXXIV	30 & 31
„ *sinorestes* F.	XXXV	3 & 4
„ *stoliczkana* F.	„	10 & 11
„ *stranggio* F.	XXXIV	32 & 33
„ *andas* F.	„	18 & 19
„ *togatus* F.	XXXIII	19—21
„ *Wallacei* F.	„	8—10
„ *zelmira* F.	XXXV	17—19
Lycaenopsis nivicapa F.	XXXII	10 & 11
Mechanitis americanus F.	XLV	9
Melanitis camusa F.	LXI	9 & 10
„ *egialeus* F.	„	7 & 8
„ *uelius* F.	„	11
Meliteae Idae F.	XLV	10
„ *sessenima* F.	„	11
Melitaea Irania F.	L	13 & 14
Mesene aureolineata F. (in tab. *Messene*)	XXXVII	27 & 28
Miletus chinensis F.	XXXV	35 & 36
„ *icarchus* F.	„	37
„ *melanion* F.	„	32 & 33
„ *Zeuchrati* F.	„	34
Morpho cypris Boisd. (recte Westwood)	LXIII	1—3
„ *iphiclus* F.	LXIV	2
	LXV	1
Mycalesis itu F.	LXVIII	8 & 9
„ *Meno...* F.	LXVII	9
„ *suelca* F.	„	10
„ *tagala* F.	„	7 & 8
Myrina ausinga F.	XXX	3 & 4
„ *davis* F.	„	12 & 13
„ *discophora* F.	„	1 & 2
„ *jolaguta* F.	„	7 & 8
„ *Larymaii* F.	„	9—11
„ *mantra* F.	„	14
„ *unica* F.	„	5 & 6
Mycelia cyanonthe F.	LIII	6 & 7
„ *egaworchi* F.	„	5
„ *leucosyuna* F.	„	8 & 9

	Tafel	Figur
Nais almeida F.	XXXII	25 & 26
Napeogenes cenuta F.	XLV	6 & 7
„ curganaxa F.	XLIV	1
Necyria fulminatrix F.	XXXVI	1 & 2
„ lindigi F.	„	3 & 4
Neptis chasa F.	LVI	7 & 8
„ epara F.	„	9 & 10
Neurocarpa reposita F.	LXX	10
Nymphalis centaurus F.	LX	5
„ chaeronea F.	„	1
„ morvis F.	„	2
„ pyrrhothea F.	„	3
„ than F.	„	4
Ogyris osanes F.	XXVIII	1—3
Olerin leptalina F.	XLV	5
Orcus marathon F.	XXXVIII	23 & 24
Oxynetra semihyalina F.	LXX	9
Papilio adamantius F.	XVIII	c
„ advastus F.	XVI	a & b
„ alcamedes F.	VII	c
„ alcavarus F.	XX	d
„ algates F.	VI	e & f
„ anchariis F.	VII	d
„ anaximander F.	VIII	b
„ anaximenes F.	VII	b
„ Anota F.	XX	c
„ aroyes F.	XV	a
„ aschesilaus F.	XI	a & b
„ aristagoras F.	IX	e & f
„ aristaemes F.	VII	a
„ arranus F.	I	a & b
„ bachus F.	XIV	a & b
„ Blanei Boisd.	XVIII	a
„ caractus F.	XIII	a & b
„ cribes F.	IV	a, b & c
„ ctesius F.	XIV	c & d
„ daedalus F.	XVIII	b
„ echion F.	VIII	d
„ cribdalion Boisd.	VI	d
„ eteocles F.	VII	e
„ euphrates F.	XI	d
„ eucyleon How.	VI	e
„ gigon F.	XII	a & b
„ guadlachianus F.	XXVII	1 & 2
„ Helleci F.	XIII	c & d
„ hephaestion F.	VI	b
„ hermocrates F.	XII	e
„ hippasus F.	XV	c
„ hostilius F.	IX	a
„ hystaspes F.	XV	r
„ idalion F.	VII	f
„ latinus F.	X	b
„ lepidus F.	„	a
„ lyaius F.	III	a & b
„ magellanus F.	V	a & b
„ melanthus F.	XII	d
„ nicanor F.	X	c & d
„ osyris F.	IX	b, c & d

	Tafel	Figur
Papilio pegasus F.	II	a & b
„ prothesilaus F.	XI	e
„ phrynichus F.	VIII	c
„ pisander F.	–	f
„ polyphron F.	–	e
„ polyzelus F.	VI	a
„ priaxeps F.	XV	d
„ rama F.	XII	c
„ sataspes F.	XV	e
„ semperi F.	XX	a & b
„ telephus F.	XIX	a, b & c
„ thesalumas F.	X	c
	XVI	e
„ tydeus F.	XVII	a, b & c
„ valleahorii F.	X	f
„ xenares F.	VIII	a
Parnassius apollo L. aberratio	XXI	c & d
„ Bremeri F.	–	e, f & g
„ stoliczkanus F.	LXIX	2 & 3
Pieranea lyeimede n.F.	LXV	3
„ idens F.	–	2
„ telemachus F.	LXIV	1
Peisanca lindeni F.	LIII	10 & 11
Chordyma darsa F.	LVI	5 & 6
Pharcos proceus F.	LXXIII	6
Pieris aegis F.	XXIX	1
„ blanca F.	–	6 & 7
„ bombucatiana F.	–	8
„ calymnia F. (in tab. Euterpe calymnia)	XXIII	7
„ clementina F.	XXV	6
„ georgina F.	XXIV	1 & 5
„ Hetjera F.	XXV	10 & 11
„ locusta F.	–	8 & 9
„ Lorquini F.	XXIV	9 & 10
„ messpia F.	XXV	7
„ phoebe F.	–	5
„ sita F.	–	12
„ zamboanga F.	XXIV	2 & 3
Prioneris decorata F.	LXVII	11
Prioneris raise F.	XXXII	8 & 9
„ ergenoides F.	XXX	23 & 24
„ lyonoides F.	–	25
„ Samatra F.	XXXVI	24—26
Prioneris m. aegidis F.	XXXI	3 & 4
„ autinous F.	XXVIII	8 & 9
„ bathildis F.	XXXI	19 & 20
„ boreas F.	–	12
„ cethosia F.	–	5
„ diamas F.	–	6 & 7
„ leucippa F.	–	16—18
„ nana F.	–	21 & 22
„ paphia F.	XXVIII	12 & 13
„ paphlagus F.	XXXI	10 & 11
„ pampera F.	–	15
„ platyptera F.	XXVIII	6 & 7
„ speciosa F.	XXXI	23 & 24
„ timarus F.	–	8 & 9
„ titycus F.	–	1 & 2
„ tulinides F.	–	13 & 14
„ emidicana F.	XXVIII	10 & 11

	Tafel	Figur
Pterygospidea angulata F.	LXVIII	10 & 11
„ celebica F.	„	8
„ cosmeta F.	„	9
„ helias F.	„	12 & 13
„ meriones F.	„	7
„ syrichthus F.	LXXII	22 & 23
„ trichoneura F.	LXVIII	14 & 15
Psychandra Lorquinii F.	LXVIII	1—3
Satyrus Hübneri F.	LXIX	8 & 9
„ pimpla F.	„	10 & 11
Siderone thebais F.	LX	6 & 7
Sineno minerva F.	XXXVI	14 & 15
Sterosis robusta F.	XXVII	10 & 11
Synapta achon F.	XXXVI	20 & 21
Taenyris agathon F.	LXX	2 & 3
„ aulius F.	„	4
„ hegesia F.	„	1
„ pardalina F.	„	5 & 6
„ strigifera F.	„	7 & 8
Terypeis callianosa F.	LXVI	7
Terias boyutana F.	XXVI	3 & 4
„ gangonela F.	„	5
„ tondano F.	„	1 & 2
Thecla albata F.	XXXII	17 & 18
„ commodus F.	„	19 & 20
„ lucretius F.	„	21 & 22
„ nicetus F.	„	23
„ sabinus F.	„	24
Thorax piceitulus F.	XXXVII	19 & 20
Tactogleue esthema F.	XXXVIII	15 & 16
Xenandra heliades F.	„	19—22
Ypthima Batesii F.	LXVIII	13 & 14
Zenerus eucolides F.	XXXVI	9 & 11
Zethera myraippe F.	LIV	3
„ hestinoides F.	„	4 & 5
„ musa F.	„	6 & 7
Zoncilia Horsfieldii F.	LXII	4
„ Semperi F.	„	1 & 2
„ Wallacei F.	„	3

Erklärung der Tafeln LXXV bis CVII.

Novara-Exped. zoolog. Theil, Band II, Abtheilung 2.

Heterocera.

(Sphinges et Bombyces.)

	Tafel	Fig.
Acrisagris n.g. (omnes rami subcostales ex stirpe), *corrobioides* Felder ♂ Mexico (Bilimek)	LXXXIII	2
Acribia (Cocastra M. Boisd. Consid. s. lepid. d. Guatemala 1870 p. 88), *Melanchroia* F. ♀ Mexico (Bilimek)	CIII	14
Acrongeta canina F. ♂. Cap. b. sp.	C	10
„ *lichenosa* F. ♀, Knysna (Trimen)	C	9
„ *paragrapha* F. ♀, Afr. m. Knysna (Trimen)	C	8
Acruscona Amboinae F. ♀, *Chalinera* J. Sitzber. Akad. d. Wiss. XLIII. 1861. 39. (Doleschall)	XCVI	2
„ *procera* F. ♂, Sikkim	XCVI	1
Actias Idae F. ♂ = v. *A. Cometes* Guenée in Vinson Voy. en Madagascar 1865 annexe F. 46, pl. VII Madagascar (Ida Pfeiffer, M. C.)	LXXXVIII	1
Adelphoneura n.g. (aff. Phelloi, duae venae discoidales una currentes), *NeriasF.* Amaz. (Bates)	CV	31
Aege n. g. (= ? *Potidaea* Wllgr. 1859) *Moer. renata* F. Sitzber. d. Akad. d. Wiss. XLIII 1861, 29 ♂, Amboina (Dol.)	LXXV	6
Aegocera rubida F. ♂, Africa i. Bogos (Hansal) Boisd. rev. et mag. d. zool. 1874, 55	CVII	14
„ *Trimenii* F. Africa, Natalia, Boisd. rev. et mag. d. zoolog. 1874, 53, Senegal	CVII	15
Agonais albifera F. ♂, Celebes, Java, Borneo (Ida Pfeiffer, M. C.) = *Hypsa plana* Walk. list II, 450	CVI	3
Agonais cuscoinoides F. ♀, Nov. Guinea	CVI	1
„ *rosigera* F. ♀, Java	CVI	2
Agape cyanopyga F. ♂, Amboina (Doleschall), Luzon (Semper)	CVI	4
Agaposoma n. g. (aff. Alone Walk.) *marcescens* F. ♂ fl. Amaz. (Bates)	XCIX	24
Agarista acqueoroides F. ♂, Sumatra (Ludeking) Darjeeling; Eusemia aeg. Boisd. rev. et magaz. zool. 1874. 106. (M. C.)	CVII	10
Agarista Boisdii F. ♀, fl. Amazonas. Boisd. l. c. p. 103	CVII	8
„ *Doleschallii* F. ♂ & ♀, Amboina; Boisd. l. c. p. 102	CVII	2 et 3
„ *Lethe* F. ♀. fl. Amazonas (Bates)	CVII	7
„ *Lindigii* F. ♂, Bogota	CVII	6
„ *Moorei* F. ♂, Java; Boisd. l. c. p. 102 i. Moluce. (Lorquin)	CVII	5
„ *radians* F. ♀, Mexico; Boisd. l. c. p. 105 (false ins. moluce.)	CVII	9
„ *Rosenbergii* F. ♀, Celebes; Boisd. l. c. p. 94	CVII	1
„ *subulatus* F. ♂, California, San Francisco, Boisd. l. c. p. 106	CVII	11
„ *Semperi* F. ♂, Luzon (Semper)	CVII	4
Agonis n. g. (g. *Cleosiri* affin. margo interior al. post. ♂ jubatus) *lycaenoides* F. pag. inferior, Celebes (Lorquin)	CVII	21
Aloa callisoma F. ♀, Ceylon (Nietner)	CI	4
„ *undistriga* F. ♀, Caffraria	C	21
Ambulyx Eurysthenes F. ♀, Venezuela (Morita) subtus unicoloriter brunneus	LXXVII	5
„ *hypostricta* F. ♀, Bogota (Lindig), N. Granada (M. C.)	LXXVII	2 et 3
„ *rostralis* F. ♂, Bogota (Lindig), Boisd. Cons. s. lepid. d. Guatemala 1870 p. 68	LXXVII	6
„ *suboscellata* F. ♀, Java (Doleschall)	LXXVI	3
„ *tigrina* F. ♂, Venezuela (Morita) subtus unicoloriter ochraceus	LXXVII	4
Anaphlebia n. g. *caudatula* F. ♂, fl. Amazonas (Bates)	CII	36
Anatolis subtilis F. ♂, Columbia? (M. C. ♀)	CV	10
Anomoscetes n. g. *levis* F. ♂, Port natal (d'Urban)	C	5
Anthema sericea F. ♀, Port natal	XCIV	8
„ *tricolor* Walk. ♂, list lep. III 1855 p. 688, Port natal	XCIV	7

	Tafel	Fig.
Anthomyza (Swns. 1833, Pericopis Hb. 1816) *histrio* F. ♂, Amer. centr. Chetone b. Boisd. false tab. 108 Consid. s. lep. d. Guatemala 1870 p. 91 Butler ann. mag. nat. h. 1871 p. 290	CIII	5
Anthomyza Ithomia F. ♂, Amer. centr.; Chetone J. Boisd. Consid. s. lep. d. Guatemala 1870 p. 92	CIII	7
Anthomyza minima F. ♂, Bogota (Lindig) Butler ann. mag. n. h. 1871 p. 290	CIII	6
" *Salvini* F. ♀, Amer. centr. (Salvin) Butler l. c.	CIII	8
Antiophlebia n. g. (aff. Egyboli Boisd.) *bracteata* F. ♂, Cap. b. sp.	XCIX	19
Antiora aspha F. Amboina (Doleschall)	XCVI	10
Antiotricha n. g. *cerata* F. ♀, Bogota (Lindig)	CV	27
Aretia aeruginosa F. ♀, Bogota (Lindig)	CI	14
" *parvula* F. ♂, Himalaya (Stoliczka)	C	24
" *rhodaliphot* F. ♂, Cap. b. sp. (Trimen)	C	25
" *thibetica* F. ♂, Ladak (Stoliczka)	CI	12
Aretinessus n. g. *antagyc*... F. ♂, Cap b. sp. (Trimen)	LXXXII	10
Aretianeura n. g. *Lorquini* F. ♀, Celebes (M. C.)	CVII	16
Arestha (Wlk. 1855 = Anchynoura Feld. Sitzber. d. Akad. d. Wiss. 1861 p. 33) *praenuba* F. ♂, Amboina (Doleschall)	XCIX	5
Ariola (nomen quater lectum, recte Rhoscyntis Hb.) *Amator* F. ♂, Surinam	XCI	3
" *Batesii* F. ♂, fl. Amazonas (Bates)	XCI	2
" (Eudromonia Hb.) *Phoenix* F. ♀, Columbia, Deyrolle ann. soc. ent. d. Belgique XII 1869, 257 pl. 4	XCII	1
Asteria n. g. (= ? Latnea Guer. *nircus* F. ♀ Africa, Bogos (Hansal)	LXXXIII	15
Asthenia (Westw. 1841, non Hübn.) *geometraria* F. ♀, Wien. ent. Monatschr. VI, 188. 1862. Brasil. rip. flum. Negro	XCII	2
Attacus affinis F. ♂, Brasilia	LXXXVI	1
" *Satyrus* F. ♀, Guyana gallica	LXXXVI	2
" *Zwatreos* Westw. ann. nat. hist. 2. s. XV, 295 Bogota (Lindig) ♂ & ♀	LXXXII	3 et 4
Atyria reducta F. ♂, Bogota (Lindig)	CV	12
" *simplex* F. ♂, Bogota (Lindig)	CV	11
Austrosetia n. g. *scutisola* F. ♂, (Sesia) Africa mer. Knysna (Jan. Trimen)	LXXXII	22
Autocerus n. g. *Grammaghara* F. ♂, Ceylon (Ramsonei. M. C.)	CVI	24
Bathophlebia n. g. (aff. Hyperchiriae, v. mediana al. ant., subcostae al. post. differentes) *Aglia* F. ♂, Bogota (Lindig)	LXXXVII	1
Bombycocera n. g. *sendii* F. ♂, fl. Amazonas (Bates)	LXXXVI	13
Bombycomorpha n. g. *nupta* F. ♂, Africa mer. Knysna (Trimen)	C	1
Bombycopsis n. g. *ochrolevca* F. ♀, (g. Lebedae affin.) Guyanagall.	LXXXIV	6
Brachylia (= Cossus) *terebroides* F. ♂, Cap. b. sp. (Trimen)	LXXXII	7
Brachytera n. g. (aff. g. Homochros, sed abdomen et radii antennarum breviores, thorax gracilior) *aequalis* F. ♂, Japonia	XCV	2
Brachytera photocnaria F. ♂, aff. Dreatae geminatae Walk., Ceylon	XCV	1
Brahmaea Muzuchei F. ♂, Japonia	XCIII	4 et 5
Brikespa atrostigmella Moore ♀ (Crambida) proc. zool. soc. 1867 p. 666. Taf. 23 F. 13 ♂, Silhet	XCVIII	19
Bryophila iridescens F. ♀ Patria ?	C	13
" *leucorrhiza* F. ♂, Sarawak (M. C.) } ad Noct. refer	C	12
" *velutina* F. ♂, Port natal	C	14
Cacosoma n. g. (aff. gen. Ceyei Wallgr.) *noctuoides* F. ♂, Port natal	CII	13
Caenius (Sitzber. d. Acad. d. Wiss. XLIII, 30 1861) *leucogramma* F. ♂, Luzon (Semper)	XCIX	7
Callidorpona saucia F. ♂, Sitzber. d. Acad. d. Wiss. XLIII, 31 Amboina (Doleschall)	LXXXIII	11
Callidula jucunda F. ♂, Java	CVII	25
Calliostris n. g. *Abraxas* F. ♀, Port natal	C	17
" *Boisduvalii* F. ♀, Port natal	C	18
Callizygaena n. g. *uirimacula* F. ♂, Ceylon, Trinkomali	LXXXIII	4
Camptoloma n. g. *erythropygum* F. ♀, Shanghai	XCIII	7
Carcinopyga n. g. (al. ant. cum cellula accessoria, tibiae posticae longiores, 4 calcaratae). *lichenigera* F. ♀, Ladak (Stoliczka)	CI	3
Castnia nivnica F. fl. Amazonas (Bates)	LXXIX	4
" *rutila* F. ♂, fl. Amazonas (Bates)	LXXIX	1

	Tafel	Fig.
Catuia trivota F. ♂, Bogota (Lindig), Chiriqui (M.C.), aff. C. divae Butl. Lep. ex. XVII f. 2	LXXIX	3
" *unifasciata*, F. ♂, fl. Amazonas (Bates)	LXXIX	5
" *Zagraea*, F. ♀, America centralis (Salvin)	LXXIX	2
Cataphractes, (g. piscina = Euproctis Hb.) *Hoblingii* F. ♀, Cap. (Hobling)	XCIX	8
Cercophana Frauenfeldii F. ♂, Verkdl. d. k. k. zool. bot. Ges. in Wien 1862, 469. Chile (Frauenfeld)	XCV	6
Chaerocampa hystrix, F. ♂, fl. Amazonas (Bates)	LXXVI	5
Chaerocampha (g. Lusura Walk. V. 1867. aff. Drynobiae) *alteis* Cram. ♂, Guyana gall. (? ♀ Chera Cram.)	XCVIII	6
Chaetolopa (Unccla Wlk. VIII. 162, valde affinis et forsan var. Sphg. Japygis Cram. 87 f. C.) *actinobole* F. ♂, fl. Amazonas (Bates)	XCIX	20
Chaesetheme (subg. Esthemae) *Diopteis* F. ♂, fl. Amazonas (Bates)	CIII	13
Charagia oxygraphus F. ♂, Australia	LXXXI	2
" *Fischeri* F. ♂, Nova Seelandia, Auckl. (Fischer)	LXXX	1
Chavitium (= Crameria Hb. Verz. 168. Boisd. rev. & magaz. zool. 1874, p. 56 amabilis Drury [I. XIII f. 3. var.) *inteoeis* F. ♂, Bogos (Hansal) (M. C.)	CVII	17
Chionaema (H. Sch.) *candida* F. ♂, Hinaalaya	CVI	17
Chiera sanceta F. ♂, fl. Amazonas (Bates) aff. C. Croesae Hb. non Cram.	XCVI	7
Chocrotricha (= Cispia et Gogana Wlk.) *conspersa* F. ♂, ins. moluce. (Lorquin)	XCVIII	12
" *distincta* F. ♂, ins. moluce. (Lorquin)	XCVIII	15
" *glandulosa*, F. ♀, ins. philipp. (Semper) ♂ Gogana atrosquama Wlk. list XXXV. 1921	XCVIII	14
Chaerotricha globifera F. ♂, ins. moluce. (Lorquin)	XCVIII	13
" *leucospila* F. ♂, ins. moluce. (Lorquin)	XCVIII	16
" *mobilis* F. ♂, ins. moluce. (Lorquin)	XCVIII	17
Cirina cana F. ♂ Aft. f. Bogos (Hansal)	LXXXVIII	3
Clastoguatha n. g. (aff. Sieneli) integra F. ♀, fl. Amazonas	CIV	8
Clis erycinoides F. ♂, Ternate	CVII	23
" *plagalis* F. ♀, ins. Aru (Lorquin)	CVII	22
" *cervicolor* F. ♀, Salwatty	CVII	21
Closterocomorpha n. g. veniclupa, F. Brasilia	LXXXIII	16
Coenostopha n. g. (Costalis d. post. littera, subcosta in summo furcata) australis F. Australia	CII	33
Caeaobasis n. g. (Neaerae aff.) amoena F. ♂, Caffraria (Trimen)	LXXXII	11
Cornupalpus n. g. succinctus F. ♂, (ex Mus. berol.) Amer.	LXXXII	6
Coryphodema n. g. capensis F. ♀, vertice et segmentis fasciculatis, Cap. b. sp. (Trimen)	LXXXII	8
Cosmotricha notolaustia F. ♀, Austral., Moreton Bay	LXXXIV	11
Cozistra (Wlk. list XXXII. 342) *membranacea* F. ♂, Amboina (Doleschall) Nova Guinea (m. Aprili, M. C.)	CIV	5
Crambomorpha (Oronisti Hb. aff.) *aegentea* F. ♂, Bogota (Lindig)	CVI	10
" *nabrifera* F. ♀, Bogota (Lindig)	CVI	9
*Crataplastis n. g. (palpis differt ab Eucyrta *diluta* F. ♂, fl. Amazonas (Bates)	CII	8
Crutosis = Crealonotus Hb.) *parallela* F. ♀, Brasilia, Cuyaba (Natt. M. C.)	CVI	8
Ctenogyna n. g. antenni- ♀ et pedibus differt ab g. Oreta Walk.) *australensis* F. Port natal	LXXXV	4
Cresucha bimaculata F. ♂, Guatemala	CIII	4
Cyanopeyla Langure F. Brasilia	CII	16
" *quadricolor* F. ♀, Bogota (Lindig)	CII	15
Cyoc (Sitzgsber. d. Akad. d. Wiss. XLIII. 36. 1861) *polygrapha* F. ♂, Celebes	CVI	7
Cyanella emgeens F. ♂. Patria?	CVI	14
*Cyanopsis n. g. (aff. Phelloi Wlk.) *fulvieeps* F. ♀, fl. Amazonas (Bates)	CV	23
Cyrtochila n. g. Wallacei F. ♂, Nova Guinea. (Wallace)	CV	15
Daphnis aequitans F., ins. moluce. (Lorquin)	LXXVI	6
" *protrudens* F. ♀, Cap. b. sp. (Trimen)	LXXVI	7
Darala Chaleopteryx F. ♂, Cap. b. sp. (Trimen)	XCVIII	10
" *rubeola* F. ♂, Australia	XCVIII	9
" *undulata* F. ♀, Australia	XCVIII	11
" *zonata* F. ♀, Australia	XCIX	1
Darectina n. g. cinerosa F. ♂, fl. Amazonas (Bates)	XCIX	19
Dasychira mucrens F. ♀, Ceylon, Rambodde (Nietner)	XCIX	4
Dasyphias n. g. murescens F. ♀, Bogota (Lindig)	CII	25

	Tafel	Fig.
Desmeocraera n. g. *ungaris*, F. ♂, Afr. mer. Knysna (Trimen)	XCIV	9
Desmoloma (Chrostogastria Hb., Lobocampa Wallgr. 1869) *Stygneis* F. ♂, Venezuela (Moritz)	XCIX	22
Dessropoda (= ? Eumallopoda Wallgr.) *bombiformis* F., Amboina (Doleschall)	LXXV	5
Diabaena n. g. (Charideae aff.) *cincticollis* F. ♂, Bogota (Lindig)	CIII	1
Dialephis n. g. *Solvini* F. ♀, Guatemala	CV	14
Diastrophia n. g. (differt ab Lithosia capite magno) *dasygyo* F. ♂, Celebes	CVI	13
Dichromia (tive. gen. Pyral. 1854 = Damias Ldv.) *Nietneri* F. ♀, Ceylon	CVI	25
Dichromosoma n. g. (aff. Pecilocampae majus F. ♂, Australia	LXXXIII	26
Dicranura nigestca F. ♂, Sikkim	XCVI	6
Dicranaureopsis n. g. *eilis* F. ♂, Afr. m. Knysna	C	7
Dicreagra n. g. (al. ant. ramus 2 et 3 subcostalis furcatus), *ochrocephalo* F. ♀; Sidney (B. Hügel, M. C.)	C	2
Dioptis erycinoides F. ♂, Panama (Salvin)	CV	4
„ *phelina* F. ♂, Bogota (Lindig)	CV	6
„ *Solvini* F. ♂, Panama	CV	5
Dipterumorpha n. g. *adusta* F., (antennae Eriphiae similes) Mexico, Cuernavaca (Bilimek)	CII	28
Diptychis n. g. *geometrica* F. ♂, Natal	C	20
Disraphlebia n. g. *catacolino* F. ♀, Australia. Adelaide	XCVI	8
Dycladia n. g. (aff. Corebiae H. Sch. = ? Cosmosoma Stretch 1872, VII.5. Mediana al. post. biramosa *correbioides* F. Bogota (Lindig)	CII	20
Dylomia n. g. (margo interior et exterior unitus, antennas differentes ab g. Hemicera) *racia* F. ♂, fl. Amazonas (Bates)	XCVII	14
Dylomia ciliata F. ♂, Guyana	XCVII	15
„ *diagonalis* F. ♂, fl. Amazonas (Bates)	XCVIII	5
„ *tortricina* F. ♂, fl. Amazonas (Bates)	XCVII	13
Dyphlebia (recte Lithosia) *semochracea* F. ♂, Caffraria	CVI	31
Dyphlebia n. g. (v. med. al. ant. et post. solummodo biramosa) *Trimenii* F. ♂ Caffraria	CVI	32
Ecpatheria ochreator F. ♂, Amer. centr. (Salvin)	CI	2
Elachyophthalma tricolor F. ♀, Sitzber. d. k. Akad. d. Wiss. 1861. 32; Amboina	XCV	7
Eudubrachys n. g. *revocens* F. ♀, Guyana gallica	LXXXIII	17
Enduvetuta n. g. (Epialo affine; pedes validi, corpus longum, al. post. angulus internus expressus) *similis* F. ♂, Himalaya (Stoliczka)	LXXXI	3
Eudarylo Angasi, F. ♀, Australia. Adelaide (Angas)	LXXXI	4
„ *strigillata* F. ♂, La Plata	LXXXI	5
Entomis Eucyane F. Brasil	CII	14
Eochroa (= Hemiocha Hübn. Verz. 157. Usta Wallgr., antennae longiores et breviter dentatae) *Trimenii* F., ♀. Pt. natal	LXXXV	6
Erasmia cuscuoides F. ♀, Celebes. Macassar (Wallace)	LXXXIII	10
Eriphia vatulata F. ♀, Bogota (Lindig)	CII	17
Erycinopsis n. g. *diophana* F. ♂, Bogota (Lindig)	CV	9
Estheca calida F. ♂, Bogota (Lindig)	CIII	11
„ *confluens* F. ♀, Butler Trans. ent. soc. 1872. p. 49 fl. Amazonas Bates)	CIII	9
„ *jucunda* F. ♀, Bogota (Lindig)	CIII	12
„ *rivosa* F. ♂, fl. Amazonas (Bates)	CIII	10
Evoges Lathola F. ♂, fl. Amazonas (Bates)	CV	24
Eublepharis ruficincta F. ♀ (= ? Seiapteron Stäger.) t. Bogos (Hansal)	LXXV	4
Eucerca thalassica F., Guyana gall.	CII	18
Euchromia begetens F. Bogota (Lindig)	CII	32
Everragra n. g. (Mediana triramosa, 2. et 3. ramus longepetiolatus) *arculifera* F. ♂, Africa m., Knysna	CVI	33
Euctenia n. g. *zygaenoides* F. ♂, Cap b. sp. (Trimen)	LXXXII	21
Eucyta (= Automolis Hb. Vz.) *albicollis* F. ♀, fl. Amazonas (Bates)	CII	4
„ *geometrica* F. ♂, Guyana gall.	CII	6
„ *lurida* F. ♂, fl. Amazonas (Bates) Peru, Nari	CII	7
„ *protecta* F. ♂, (aff. A. Sypilo Cram. 99) fl. Amazonas (Bates)	CII	5
„ *subulifera* F. ♂, Panama	CII	3
Eudule heterochroa F. ♂, Ecuador	CV	29
Eulophonotus n. g. *Myrmeleon* F. Cap b. sp. (Trimen)	LXXXII	9
Eumeta Nietneri F. ♂, Ceylon (Nietner)	LXXXIII	21

	Tafel	Fig.
Euplexia (Euchromia) *ochrophila* F. ♂. (antennae ♂ pectinatae) Brasil.	CII	19
" *vittigera* F. ♂, fl. Amazonas (Bates)	CII	9
Eurylomia n. g. *curvinervis* F. ♂. Mexico (Sallé)	CV	26
Eurypteryx (Pachylia) *Molucca* F. ♂. Ternate	LXXVI	1
Eutane tineoides F. ♂. Australia	CVI	15
Galleriomorpha lichenoides F. (Wien. ent. Montschr. VI. 1862 nota p. 57) ♂, ab., Ceylon. Rambodde (Nietner); ad Nort. ref.	C	15
Geometrodes n. g. (aff. Eleriae) *coerulea* F. ♂, Bogota (Lindig)	XCIX	11
Gitanopsis eburneifera F. ♂, Amazonas (Bates)	CII	21
Gnatholophia n. g. *longinervis* F.♂. Guyana gallica.	CV	8
Gonometa postica WR. (list IV. 971. 1855) ♂ et ♀, Australia, Adelaide (Angas)	LXXXIV	1 et 2
Gymnopoda n. g. (aff. Hazamae) *corallonota* F. ♀, Bogota (Lindig)	CII	23
" *ochracea* F. Bogota (Lindig)	CII	22
Gynautocera virescens F. ♂, (Sitzber. d. k. Akad. d. Wiss. 1861. 29.) Amboina (Dolerchall)	LXXXIII	9
Heleona (Swns. 1833 Euschema Hb. 1861, Hazis Gue.) *bellicosa* F. ♂, Celebes (Wallace)	CIV	1
" *Bernsteinii* F. ♂. Waigin (Bernstein)	CIV	2
" *cuprina* F. ♀, (= ? H. palestraria Gué. X. 191) Java	CIV	3
Hemiceras nystallina F. fl. Amazonas (Bates)	XCVII	12
" *plusiata* F. ♂, fl. Amazonas (Bates)	XCVII	11
Hemileuca rubrifrons F. ♀. Mexico (Billinck)	M	2
Heterodontia n. g. (ramus 2 et 3 medianae longepetiolatus, dorsalis caret; *tricolor* F. ♂, fl. Amazonas (Bates)	CV	25
Heterolepis (Narosa Walk.) *brossa* F. Africa mer.?	LXXXII	17
Heterusia Cicada F. ♀. Sikkim	LXXXIII	8
" *microcephala* F. ♂. Shangai	LXXXIII	7
Hidocera Smilax Westw. (Henucha Smilax Westw. proc. zool. soc. London 1849 p. 59) ♂ et ♀ Port. natal.	LXXXVIII	4 et 5
Homochroa Janula F. ♂, Port natal	XCIV	4
" *ornata* F. ♀, (aff. Tagonae anthracinae Wlk. list XXXII p. 512) Ceylon	XCIV	3
" *valida* F. ♂, Cap b. sp. (Trimen)	XCIII	6
Homocacera n. g. (antennae Agaristi similes) *crassa* F. ♀. Bogota (Lindig)	CII	26
Hemoctymatha (= Sommeria Hb. Zutr. II 1825, p. 13,) *Agonais* F., Natalia.	CVI	21
" *Spilosoma* F. ♀. Afr. mer. Knysna (Trimen)	CVI	20
Homocoptery= n. g. *rygisauroides* F.	XCIV	6
Hyalurga irregularis F. ♀. fl. Amazonas (Bates)	CII	16
Hydrias grammophora F. ♀. fl. Amazonas (Bates)	LXXXIII	24
" *ochropyga* F. ♀. Amazonas (Bates)	LXXXIII	25
" *rubiginosa* F. ♂, fl. Amazonas (Bates)	LXXXIV	13
Hygrochroa rubicunda F. ♂. fl. Amazonas (Bates)	XCV	15
Hylaora capucina F. ♂. Melbourne	XCVIII	1
" *diluculus* F. ♀. Australia (Angas)	XCVI	5
" *Sphinx* F. ♂, Melbourne (M. C.)	XCVI	4
Hyperchiria abdominalis F. ♂, (= ? Liberia Cram.) Bogota (Lindig)	XCIII	3
" *Anableps* F. ♀, Bogota (Lindig)	LXXXIX	7
" *aspera* F. ♂, La Plata	LXXXIX	2
" *boops* F. ♂, Venezuela (Moritz)	LXXXIX	6
" *caudatula* F. ♀, fl. Amazonas (Bates)	XCI	1
" *cinctistriga* F. ♂, Bogota (Lindig)	LXXXIX	4
" *eugona* F. ♀. Mexico	LXXXIX	3
" *flexuosa* F. ♂, Brasilia	XC	1
" *funesta* F. ♀. Columbia	LXXXIX	5
" *Titania* F. ♂, Amer. centr. (Salvin)	LXXXV	8
Hysteroeladia n. g. *corallacera* F. ♀. fl. Amazonas (Bates)	XCIX	15
Ichthyosoma n. g. *tigniferum* F. ♂. fl. Amazonas (Bates)	XCVII	17
Inopsis n. g. *entoxantha* F. ♂. Mexico (Billinck)	CVI	6
Jochroa n. g. *chlorogastra* F. ♂. Chile	XCIX	17
Josia lugens F. ♀, Amazonas (Bates)	CV	22
Josiodes n. g. *Batesii* F. ♀. Amazonas (Bates)	CVI	28

	Tafel	Fig.
Josiomorpha n. g. *longivitta* F. ♀, Guatemala; ♂ Mexico, Orizaba Septbr. (Hedemann, M. C.)	CIV	12
Isanthrene acutior F. ♂, fl. Amazonas (Bates)	CII	27
Ischnocampa n. g. (aff. Lophocampae, caput minus *sordida* F. ♀, Bogota	CVI	22
Ischnognatho (Trichonia Boisd. Cons. lep. Guat. 1870 p. 99) *semiopalina* F. ♀, Guyana gall.	CII	2
Isochroa (= Scensio Walk. VII. 1865) *ebarneicycta* F. P. natal = P. Phedonia Cram. t. 348 f. C.	C	26
Itochroma n. g. (differt aff. g. Sciatho Walk. capite minore, prothorace et antennis; *fallax* ♂ et ♀, Bogota (Lindig)	LXXXIII	18 et 19
Isoctenia n. g. *quadristrigata* F. ♀, antennae ♂ et ♀ fere aequaliter pectinatae; Guyana gall.	XCIX	15
Isostola (Agyrta Hb. Verz. 177.) *rhodobrancha* F. fl. Amazonas (Bates)	CIII	15
Laqua pellita F. ♀, Guyana gallica aff. Alpi defoliatae Walk. V. 1091	LXXXIII	20
Lamprolepis (= Doratlophora Scott) *chrysochroa* F. ♀, Australia, Cap York	LXXXII	13
Langulopia andensis F. ♂, Bogota (Lindig)	LXXXI	7
Leiosoma n. g. (aff. Eudryade et Agaristae) *serpentinana* F. ♂, Bogota (Lindig)	XCIX	23
Leptosoma maculosum F. ♀, (= Nyctomera bipunctella Wlk. B. + LXXXV, Puel Luzon (Semper) *tricolor* F. ♀, Natalia	CIII	2
	CIII	3
Lethocephala n. g. *bombycoides* F. ♀, Austral. Adelaide (Angas)	LXXXIII	14
Letois (vere Latoia = Parasa Moore) *similis* F. ♂, Ceylon (Nietner)	LXXXII	15
Leucaniochroa n. g. (aff. g. Closterae) *lignosa* F. Patria?	XCV	17
Lichenopteryx n. g. (aff. Striphnopterygi Wall.r.) rami subcostales al. post. longepetiolati) *despecta* F. ♂, Pt. natal	XCV	5
Limacodilla n. g. (aff. Cocculiae H. Sch.) *picta* F. ♀, Venezuela (Moritz)	LXXXIII	27
Lithosia angulifera F. ♀, Himalaya (Stoliczka)	CVI	12
bifasciata F. ♀, Ceylon	CVI	11
Lobogona n. g. (ab Nystaleo differt triramosa subcostali al. ant. *Haggie* F. Surinam	XCVIII	4
Lomagitis panthererin F. ♀ Cafferaria	C	27
Lophocampa atrata F. ♂, Bogota (Lindig)	CI	8
" *elongata* F. ♂, Guyana gall.	CI	5
" *melalenea* F. ♂, Bogota (Lindig)	CI	7
" *acerosa* F. ♂, Bogota (Lindig)	CI	6
Ludia Hansali F. ♂, Afr. terra Bogos (Hansal)	LXXXIX	1
Lymantria silcana F. ♀, Silhet	XCIX	2
" *pusilla* F. ♂, Bengalia (Stoliczka)	XCIX	3
Macromphalia n. g. (aff. Omphali) *chilensis*, F. ♀ Chile	LXXXIII	23
" *chilensis* F. ♀	LXXXIV	12
Macronyx n. g. *Jekeli* F. Demerara; pedes antici magno ungue armati	C	22
Marsypophora n. g. *erycinoides* F. ♂, Bogota (Lindig)	CV	28
Melanchroea (Boisd. Cons. lep. Guatemala 1870 p. 96) *rubriplaga* F. ♂, Mexico	CV	18
Melania (Wallgr.; gen. molusc. 1801 = Autoceras Febb.) *punctigera* F. ♀ & ♂, Africa m. Knysna	CVI	31 et 3
Melanothrix n. g. *pulchricolor* F. ♀, Java. ins. Philipp. (Semper)	XCIV	2
Meringocera n. g. (Aloae aff., antennae longiores et graciles) *plutonica* F. ins. molucc. (Lorquin)	CI	11
Mesenochron (Boisd. cons. lep. Guatemala 1870. p. 94) *guatemaltera* F. ♂, Guatemala	CV	30
Mesotogee trilineata H. Sch. ♀, (ductus venarum ut in Parathyride, palpi differentes), Brasilia	XCV	10
Microgiton n. g. (aff. Leptosomae) *cingulosus* F. ♀ Bogota (Lindig)	CIII	18
" *Selene* F. ♂, Venezuela (Moritz)	CIII	17
Microlophia (Perigonia) *sculpta* F. Siam	LXXV	9
Microamia n. g. *jugifera* F. ♀, fl. Amazonas (Bates)	CV	32
Micromorphe n. g. (affinis Astanae Moore) *choerotricha* F. ♂, ins. molucc. (Lorquin)	XCVIII	18
Microplastis n. g. (aff. Mesotagi) *subcostalis triramosa) *conjuncta* F. ♀; Patria?	XCV	1
Microrgyia n. g. (subcosta al. ant. triramosa) *Amazonum* F. ♂, fl. Amazonas	XCIX	12
Miltonia pulchriserpia F. ♀, Silhet	CIV	6
Monorcagra (subg. Dioptis) *pheloides* F. ♂, Bogota (Lindig)	CV	7

	Tafel	Fig.
Nola refulgens F. ♂, Peru	CV	20
„ *subsericea* F. ♂. (aff. Suellen Tijdschr. v. Ent. 1874 t. VII f. 10) Bogota (Lindig)	CV	21
Netrocera n. g. (= ? Amalthocera Boisd. S. R. taf. X) *saöoides* F. ♀, Africa, terra Bogos; Port natal (M. C.)	LXXXIII	5
Noctuosurpha (non Gue., Geom. gen., affine Gastrophorae Gue.) *hemicantharia* F. Afr. m. Knysna (Trimen)	XCIV	11
Nyctemera variolosa F. & R. ♂ (false inter Geom. loc.)	CXXIX	15
Nycterotis poecila F. ♂, Venezuela (Moritz)	XCVII	20
Nyctochroa busiplaga F. ♂. Mexico (Billmek)	CVI	27
Nystalea (Febb. Gue. p.) *ancora* F. ♂. fl. Amazonas (Bates)	XCVII	8
„ *bractea* F. Venezuela (Moritz)	XCVII	3
„ *Cucullia* F. ♂, fl. Amazonas (Bates)	XCVII	6
„ *ebrauoides* F. ♂ et ♀, Guyana gall; Bras. (M. C., Schott)	XCVII	1 et 2
„ *longicornis* F. fl. Amazonas (Bates)	XCVII	5
„ *marcida* F. ♀, Bogota (Lindig)	XCVIII	2
„ *Plusia* F. ♀, Guyana	XCVII	7
„ *plusioides* F. ♂, fl. Amazonas (Bates)	XCVII	4
„ *Thermesia* F. ♀. fl. Amazonas (Bates)	XCVII	9
„ *virgulea* F. ♂, fl. Amazonas (Bates)	XCVIII	3
Ochrogaster circumjunata F. ♀, Nova Caledonia	XCIV	5
„ *ruptimacula* F. ♂, Austral. Adelaide (Angas)	XCV	9
Oleus mendosa Hb. Zutr. 295. 91, ♂, Ceylon	XCIX	6
Oligoclona (= ? Gazalina Walk., = Lip. chrysolopha Koll. in Hügel Kaschm. p. 470. *suboesta* al. ant. quadriramos. *chordigera* F. ♀, Darjerling	XCIV	10
Oligocloma uerrosa F. ♀, Darjeelin.	XCV	8
Omphaliodes (= Diaphone Hb. V. 188) *nasa* F. ♂, Austral. (Angas)	XCIX	14
Ophitis n. g. (inter Nystalea et Crinodes) *nugueria* F. ♀, Guyana gall.	XCVII	10
Opsirhina Crinodes F. ♀, Guyana gall.	LXXXIV	3
„ *flexicosta* F. ♂ et ♀	LXXXIV	4 et 5
Orgyiodes n. g. *copicolaria* F. ♂, (Gonopera ? Fidonida) Cap b. sp.	XCIX	25
Orgyopsis n. g. (primus ramus, suboestalis al. ant. pone finem cellulae oriens) *similis* F. ♂, Patria?	XCV	14
Ormiscodes (Dirphia Hb.) *epiolina* F. ♂, Venezuela (Moritz)	XC	4
„ *fraterna* F. ♂, fl. Amazonas (Bates)	XC	6
„ *fumosa* F. ♂, Mexico (Billmek. M. C.)	XC	3
„ *laniocanpino* F. ♀, Mexico (Sallé)	XC	5
„ *Pomone* F. ♂, Brasilia	LXXXV	7
„ *ramigera* F. ♂, Brasilia. Rio	XCIII	2
„ *thliptophana* F. ♂, fl. Amazonas (Bates)	XC	7
„ *trisignata* F. ♂, Guyana gall.	XCIII	1
Ornithopsyche (Wallgr.) *Anthora* F. ♂, Afr. mer. Grahamtown	C	3
„ *hypocantha* Wallgr. ♀. Port natal (D'Urban)	C	4
Ortholomia violascens F. ♂, Sitzber. d. k. Akad. d. Wiss. 1861. 40 Amboina (Doleschall)	XCVI	3
Orthosoma n. g. (Acrosemae aff. et l'oculae Cram. 383) *diffusum* F. ♀, Guyana gal	XCVII	18
Pachygonia (= Perigonia Boisd. Consbl. s. lepid. du Guatemala 1870. p. 66) *caliginosa* F. ♂, fl. Amazonas (Bates)	LXXV	10
Pachylepis n. g. (aff. g. Cymi) *huoeculus* F. ♂, Borneo. Sarawak. Wallace (M. C.)	LXXXIII	12
Pachypasa ferruginea F. ♂, Afr. Port natal	LXXXV	1
„ *scapulosa* F. ♂ et ♀, Port natal	LXXXV	2 et 3
Pachyphlebius n. g. *thoracicus* F. ♀, Austral. Adelaide (Angas)	LXXXI	6
Pachyplastis n. g. *opicalis* F. ♂, fl. Amazonas (Bates)	XLIX	21
Pachythyris (= ? Dysodia Clemens; Noctu. tarsi postici (oliatim criniti) *siculoides* F. Java?	LXXV	1
Panthea Choroneusi F. ♀, Bogota (Lindig)	CI	1
Pontocteuia (Letropa Wallgr.) *gemmans* F. ♂, P. natal (Trimen)	LXXXII	16
Parophlebia n. g. (rami v. dorsalis et medianae al. ant. et post. valde approximati) *lithosina* F. ♀, Borneo	LXXXIII	6

	Tafel	Fig.
Parathycis bombycina F. ♂ et ♀. Mexico.	XCV	11 et 12
Paratype (Acanthrene Hb. Zutr. III. 1825 p. 25) *lacticolor* F. ♀. Bogota (Lindig)	CIV	11
Pergesa insimaeula F. ♀., Brasilia	LXXVI	4
Periguais magna F. ♂. Amazonas (Bates)	LXXV	12
Perophora sanguinolenta F. ♂. Brasilia	XCII	4
„ *strigifera* F. ♀. Brasilia	XCII	3
Phaeochlaena Jussi ♂, F. Wien. ent. Montschr. VI. 230 Brasil. rip. flum. Negro; Bogota.	CV	1
Phanopsis (= ? Gnophaela Walk.) *cyanoxantha* F. ♂. Bogota (Lindig)	CIV	10
Phellus Lindigii F. ♂, Bogota (Lindig)	CV	19
Photodes (Cymu Hb. Epilais Boisd. Cons. s. lep. d. Guatemala 1870. 78: *argentariella* F. ♂. Ecuador	CIV	9
Phthumpelus dolichoides F. ♀. Sikkim (Stolicka)	LXXVI	8
„ (Basiane Wlk.) *aricaetia* F. ♂. Sikkim (Stolicka)	LXXVII	1
Phrygunopsis a. g. *sordida* F. ♂, Cap. b. sp. (Trimen)	CVI	30
Pielus hydrographus F. ♀, Australia, Adelaide (Angas)	LXXX	3
„ *asculosus* F. ♂. Australia, Clarence river	LXXXI	1
Platyodonta n. g. *Vulpe* F. ♂. fl. Amazonas (Bates)	XCVII	16
Polyphlebia n. g. *atychioides* F. ♂, 6 rami subcostales al. ant. (ad Tineidas?) fl. Amazonas (Bates)	CII	38
Polyptychia (Centrania Hb. V. 122) *fasciculosa* F. ♂. Bogota (Lindig)	CIV	7
Polytela chrysostyla Wlk. ? ♂. list XXXII p. 635. Cochinchina (ad Noct. rel.)	CI	15
Polythysana apollina F. ♂. Chile (Philippi. M. C.)	LXXXVII	2
Pseudomya birulata F. ♀. fl. Amazonas (Bates)	CII	37
Pseudustria (recte Pseudoscia) *bambusia* F. ♂, Sitzber. d. k. Akad. d. Wiss. 1861. 26. Amboina (Doleschall)	LXXV	3
Psilaeron n. g. *intermedius* F. ♂, Bogota (Lindig)	XCVII	22
Psychogleue n. g. (aff. Animulae H. Sch.) *basinigra* F. ♂. Brasilia	LXXXIII	22
Pterygosoma n. g. aff. Daninae Walk. al. ant. cum cellula accessoria) *sexpunctum* F. ♀. Austral.	XCVIII	7
Pycnoglene erythrophora F. ♀. Mexico	CVI	26
Psychoteua (Epiala) *auristalis* F. ♂. Cap. b. sp. (Trimen)	LXXXII	11
Pycnocteua n. g. (Aevagri aff. differt ant. pectinibus) *angustuta* F. ♂, fl. Amazonas (Bates).	LXXXIII	3
Pycnodontia n. g. differt ab Agarista antennis et palpis, *leucomae* F. Bogota (Lindig)	CVII	13
„ *spadices* F. Bogota (Lindig)	CVII	12
Pyrolidia n. g. *deserta* F. ♂. Amer. bor. Utah	CVI	23
Pyrolopsis (Boisd. Cons. s. lep. Guatemala 1870 p. 94) *Homolochrum* F. ♂, Guatemala	CV	13
Rhamphoschisma rectifascia F. Ceylon (Nietner)	LXXV	7
„ *Scottiarius* F. Neu Süd-Wales	LXXV	8
Rhaphidognatha setaeformis (recte sciaeformis) F. Wien. ent. Montschr. 1862. 31. China, Ning-po	LXXXIII	1
Rhinogga (Nadiasa Walk. p. p.) *calligone* F. ♂ et ♀. Australia (M. C.)	LXXXIV	9 et 10
Rhynchopyga n. g. (Phacurae Walk. affin.) *ichneumonea* F. ♀. Bogota (Lindig)	CII	30
Rosema (Walk.) *costalis* F. ♂. Bahia	XCVI	12
„ *densaria* F. ♀ Bogota (Lindig)	XCVI	11
„ *myops* F., Bogota (Lindig)	XCVI	13
Sagana semioculata F. ♀, Venezuela (Moritz)	LXXXVII	4
Sallaea n. g. (g. Robinsoniae Grote aff., sed subcosta al. ant. tantum 4 ramosa) *ochrosterna* F. ♂ Mexico	CI	10
Sanyala? Neogria F. & R. ♀, (false inter Geom. lon.)	CXXXIII	19
Sarothropyga n. g. *rhodopoda* F. ♂. Knysna (Trimen)	C	23
„ ? „ ♀. , ,	CI	13
Sarrothripa indica F. ♀, Ceylon	CVI	19
Saturnia Stoliczkana F. ♀, Ladak (Stoliczka)	LXXVII	3
Scolopocnome (Wien. ent. Montschrift. 1862. VI. 37) *cervussata* F. Asia. (Noct.)	C	11

	Tafel	Fig.
Scytale n. g. (aff. Glaucopi) *platyzona* F. ♂, Bogota (Lindig)	CII	24
Serieochroa (Symmerista Hb. Verz. 218: primus ramus subcostalis pone finem medianae) *politia* Cram. ♂, Bogota (Lindig)	XCVII	21
Setinochroa n. g. *infumata* F. ♂, Himalaya (Stoliczka)	CVI	16
Smerinthus ambainens F. ♀, Sitzber. d. k. Akad. d. Wiss. 1864. 29. Amboina	LXXVIII	1
" *Dyandini* Guer. ♀, Port natal	LXXXII	2
" *Heuglini* F. ♂, Abyssiniae (Heuglin)	LXXVIII	2
" *pusillus* F. ♂, Caffraria fl. Tsom-s (Trimen)	LXXXII	4
Spauochroa n. g. (2, et 3. ramus subcostalis ex uno petiolo exeuntes) *blanditirix* F. ♀, fl. Amazonas (Bates)	XCV	16
Spheropsis (= Pseudaphra H. Sch.) *hyalozona* F. Bogota (Lindig)	CII	29
Splenoptera (n. n. Odrept. — Macrocneme Walk.) *Batesii* F. ♂, fl. Amazonas (Bates)	CII	35
" *triangulifera* F. ♀, fl. Amazonas (Bates)	CII	34
Sphingognatha n. g. (Homoeocnemae Wallgr. et Janae H. Sch. aff., sed palpis Sphingid. similibus et liberis ramis subcostae at. post. differt) *Asclepiadus* F. ♂, Java	XCIV	1
Sphinx analis F. ♂, Shanghai	LXXVIII	1
" *lanceolata* F. ♀, Boisd. Cons. s. lep. d. Guatemala (1870 p. 75 Mexico (Salle)	LXXVIII	3
" *sesquiplex* F. ♂, Boisd. l. c.	LXXVIII	5
Steode (Walk. Homoeocnemna A. Wien.ent.Monatschrift. VI. 1862. p. 192 & 229) *Metis* F. ♂, Ecuador	CIV	4
Stenogyne n. g. (aff. g. Melanothrici) *hilaris* F. ♀, Port natal	XCV	5
" *tristis* F. ♀, Ceylon (Nietner)	XCV	4
Stenognatha n. g. (aff. Lophocampae) *gentilis* F. ♀	CI	9
Stenobaphia (Perigonia) *tenebrosa* F. ♀, fl. Amazonas (Bates)	LXXXII	3
Stenoplastis n. g. *pullinervis* F. & R. ♀ (false inter Geom loc.)	CXXXIII	16
" *salgroides* F. ♂, Bogota (Lindig)	CV	16
" *Selenia* F. ♀, Brasilia	CV	17
Symphtebia n. g. (aff. Trichomiae) *laphaemapoides* F. ♀, Brasilia	CII	1
Syncmon herpecinides F. ♂, Sidney	?LXXII	12
" *Iearia* F. ♀, Austral. Adelaide (Angas)	LXXIX	6
" *parthenoides* F.	LXXIX	7 et 8
Syntomis arroapita F. ♂, Shanghai	CII	11
" *marccessus* F. Java	CII	12
Tagaropsis n. g. (aff. Taguene Walk.) *wetulensis* F. ♂, Afr. i. Bogos (Hauval)	LXXXVIII	2
Teacosoma n. g. *aspersum* F. ♀. patr.?	C	6
Teinotladia n. g. *encaltoides* F. ♀, Tasmannia	XCVI	9
Teinopyga n. g. (aff. Haliadi) *thienberi* F. ♂, Shanghai	CVI	18
Teinotarsina n. g. (cell. med. al. post. non clausa) *lacvipes* F. ♀. (Sesia longipes F. Idem Sitzber. d. k. Akad. d. Wiss. XLIII. 1864. p. 26) Amboina (Deleschalli)	LXXV	2
Tetioneura n. g. (aff. Euplesiae, al. post. cum v. costali) *tiburcopsis* F. fl. Amazon. (Bates)	CII	31
Teracens biocula F. ♀, Amer	CVI	5
Terna major F. ♀, Amer. mer.	CV	2
" *minuta* F. ♂, fl. Amazonas (Bates)	CV	3
" *zonata* F. ♂, Mexico (Bilimek) Orizaba (Octob. de Hedemann ♀, M. C.)	CIV	15
Thyatira casta F. ♀, Bogota (Lindig) (ad Noct. refer.)	XCVIII	8
Thyella Zambcsia F. ♂, (= ? Bunea zambesina Walk. list XXXII. p. 525) Afr. Zambesi	LXXXV	5
Titya abstersa F. ♀, fl. Amazonas (Bates)	LXXXIV	7
" *rubropalpis* F. ♂, Venezuela	LXXXIV	8
Tmetoptera n. g. *phrygnonoides* F. Brasilia	CVI	29
Toxolona n. g. (aff. Demadi) *australe* F. ♀, Australia	C	16
Trichotis n. g. *picta* F. ♀, fl. Amazonas (Bates)	XCVII	19
Trichatlia (= Phassus Stph.) *umbrifera* F. ♀, Brasilia	LXXX	2
Trochilinia (Sesia) *canlorens* F. ♀, Afr. m. Knysna (Trimen)	LXXXII	23
Tylognathus (gen. piscium = Enyo) *philumphoides* F. ♀, fl. Amazonas (Bates)	LXXV	11
" *scriptor* F. ♀, Amazonas (Bates) Surinam	LXXXII	4
" *smerinthoides* F. ♂, Amazonas (Bates) (♀ magis viridis)	LXXXII	5
Tyndaris lactifica F. (Wien. ent. Monatschrift. IV. 256. 1860) ♂, ♀, et pag. inf. ♀, Ins. Aru (Wallace)	CVII	18—20

	Tafel	Fig.
Xenochroa n. g. (Noctua, aff. Catephiae) *notodontina* F. ♂, fl. Amazonas (Bates)	XCVII	23
Xenosoma (Eloria Walk.) *erycinoides* F. ♂, fl. Amazonas (Bates)	XCIX	10
„ *nigricosta* F. ♀, Guatemala	XCIX	9
Zagaris crossa F. ♂, Afr. mer. Knysna (Trimen)	XCIX	16
Zerenopsis n. g. *leopardina* F. ♂, Natal	C	19
Zoailia malgassica F. ♂, (= ? Z. Donsei Keferstein, Jahrb. d. k. Akad. Erfurt VI. 1870 p. 14 f. 5) Madagascar	LXXVI	2
Zygaena ocellaris F. ♀, Cap b. sp. (Trimen)	LXXXII	19
„ *ochroptera* F. ♂, Cap b. sp. (Trimen)	LXXXII	20
„ *subheliophana* F. Cap. b. sp. (Trimen)	LXXXII	18
Zygaenopsis n. g. (aff. g. Eriphiae) *sg amicornis* F. ♂, fl. Amazonas (Bates)	CII	19

Inhalts-Verzeichniss

der auf den Tafeln CVIII bis CXL, Novara-Expedition, zoologischer Theil, Band II, Abtheilung 2. abgebildeten

Heterocera.

	Fam.	Tafel	Fig.
Abolla n. g. *pellicosta* Feld. & Rghfr.	Noct.	CXI	5
Abraxas hyganta F. & R.	Geom.	CXXX	16
„ *intercoptaria* Feld.	„	CXXIX	29
„ *wasagebata* F. & R.	„	CXXX	23
Acanthalipes Tremeni F. & R.	Noct.	CVIII	7
Achaea danguata F. & R.	„	CXII	10
„ ? *Leona* F. & R.	„	CXVI	13
„ *mania* F. & R.	„	„	16
„ *Radama* F. & R.	„	„	17
Achantodes ? *Anna* F. & R.	„	CXIX	1
Achlora corachiata F. & R.	Geom.	CXXVII	32
„ *roseipalpis* F. & R.	„	„	33
Acidalia n. g. *gentifilata* F. & R.	„	CXXVIII	10
„ *conciunata* F. & R.	„	„	15
„ *insulata* F. & R.	„	„	26
„ *minortata* F. & R.	„	„	11 & 11a
„ *pedilata* F. & R.	„	„	1
„ *quadrigata* F. & R.	„	„	9
„ ? *speciosa* F. & R.	„	CXXXIII	5
„ *straminea* F. & R.	„	CXXVIII	33
„ *tuhuata* F. & R.	„	„	5
Aciptilia forensalis Walk.	Pteroph.	CXL	52
„ *putrualis* F. & R.	„	„	56
Acontia acclivis F. & R.	Noct.	CVIII	24
„ *aceela* F. & R.	„	„	25
„ *adaucta* F. & R.	„	„	31
„ *Biliuski* F. & R.	„	„	29
„ *guttifera* F. & R.	„	„	26
„ *Inda* F. & R.	„	„	23
„ *Kossaya* F. & R.	„	„	33
„ *Madauela* F. & R.	„	„	28
„ *redita* F. & R.	„	„	30
„ *Scanda* F. & R.	„	„	27
„ *umbrigera* F. & R.	„	„	34
„ *Unio* F. & R.	„	„	32
„ *Urbani* F. & R.	„	„	35
Acrasia n. g. *crinita* F. & R.	Geom.	CXXXI	26
Acrolophus consoides F. & R.	Tin.	CXXXIX	35
Acrotolepia biguttalis F. & R.	Pyr.	CXXXIV	18
„ *juvialis* F. & R.	„	„	24
„ *tryphonalis* F. & R.	„	„	17
Acronycta canina F.	Noct.	C	10
„ *Hercules* F. & R.	„	CIX	2
„ *lichenosa* F.	„	C	9
„ *paragrapha* F.	„	„	8
Acrotomia quiniaria F. & R.	Geom.	CXXIII	19

1

	Fam.	Tafel	Fig.
Adela aethiops F. & R.	Tin.	CXXXIX	1
Aedia sufata F. & R.	Noct.	CX	2
Archodes vulcanalis F. & R.	Pyral.	CXXXV	40
Agathodes margaritis F. & R.	"	CXXXVI	40
Aglossa stovalis F. & R.	"	CXXXIV	27
Agonista n. g. ochrifera F.	Noct.	CXIII	5 & 6
Agrotis acotina F. & R.	"	CIX	6
,, antipoda F. & R.	"	CX	21
,, Baueri F. & R.	"	"	10
,, decipiens F. & R.	"	"	17
,, ferina F. & R.	"	"	12
,, ? hybleea F. & R.	"	CVIII	44
,, Nipona F. & R.	"	CX	20
,, nivalis F. & R.	"	CIX	11
,, penicillum F. & R.	"	CIX	35
,, scapularis F. & R.	"	"	13
,, ? Scotti F. & R.	"	CX	16
,, suffusa Hb.	"	CIX	34
Alanis nutoagris F. & R.	"	CXI	32
Alcidis Aruns F.	Uran.	CXXI	1
,, Liris F.	"	"	2
Alsophila cymatophora F. & R.	Geom.	CXXXII	26
,, ? hypparia F. & R.	"	"	55
,, candidata F. & R.	"	"	27
,, ternata F. & R.	"	"	28
Alucita capensis F. & R.	Pteroph.	CXL.	63
,, eudactyla F. & R.	"	"	62
Amblothridia albita als Rughi, nota	Tin.	CXXXIX	21
,, cuprina F. & R.	"	"	21
,, Iris F. & R.	"	"	25
Amblyptilia Taprobanes F. & R.	Pteroph.	CXL.	31
Amblyuro difficilis F. & R.	Pyral.	CXXXVII	14
,, ? flavicula F. & R.	"	CXXXVI	27
,, ? graphicalis F. & R.	"	"	37
,, ? palndipes F. & R.	"	CXXXVII	23
Amilopes? achroiaria F. & R.	Geom.	CXIII	6
Amphiberys Cludonia F. & R.	"	CXXV	13
Amphigonia? erythropus F. & R.	Noct.	CXVIII	25
,, ? Inopio F. & R.	"	"	8
,, ? lascivinta F. & R.	"	"	26
Amphipyra chalcoptera F. & R.	"	CXII	18
,, ? cinctipes F. & R.	"	CXI	19
,, ? Lepantei F. & R.	"	"	28
,, Surnia F. & R.	"	CXII	17
Amphitape n. g. crassitibia F. & R.	"	CIX	10
Anulthes crinipes F. & R.	Pyral.	CXXXIV	43
Anarsia? mouetella F. & R.	Tin.	CXXXIX	19
Auarta ladakensa F. & R.	Noct.	CVIII	38
Anatolmis? viridicops F. & R.	Bomb.	CXXXIX	16
Ancylolomia indica F. & R.	Pyral.	CXXXVII	19
Anisodes annularis F. & R.	Geom.	CXXVII	30 & 30 a
,, lancearia F. & R. (in tab. false fig. 2)	"	"	28
,, ? laterilia F. & R.	"	CXXVIII	24
,, ? nundata F. & R.	"	CXXVIII	10
,, pardalis F. & R.	"	CXXVII	29
Anisoneura sphingoides F.	Noct.	CXIII	1
Anophia? Corana F. & R.	"	CXII	5
,, ? fatilega F. & R.	"	"	9
Antaeotricha? affinis F. & R.	Tin.	CXXXVIII	34
,, karilis F. & R.	"	"	66

	Fam.	Tafel	Fig.
Antaeotricha marmorea F. & R.	Tin.	CXXXVIII	60
Anteldemau? Cioleta F. & R.	Noct.	CXX	5
Antigastra catalaunalis Dup.	Pyral.	CXXXV	12
Apamea cuuricens F. & R.	Noct.	CIX	27
Aphania? complana F. & R.	Pyral.	CXXXVII	6
Apiletria kaewatella F. & R.	Tin.	CXXXVIII	61
" ? marcida F. & R.	"	"	42
Apistis morinon F. & R.	Noct.	CXVIII	16
Arete senica F.	"	CXIII	2
Arcyophora Zanderi F. & R.	"	CXI	15
Areca? jutata F. & R.	Tin.	CXXXIX	52
Argolis Aganippe F. & R.	Noct.	CXVIII	27
" subrubra F. & R.	"	"	28
" Weletina Cram.	"	"	29
Argira ureina F. & R.	"	CXV	14
Argyria insons F. & R.	Pyral.	CXXXVII	21
" lucidella Zell.	"	"	17
" subtilis F. & R.	"	"	22
Acheolia? lutosaria F. & R.	Geom.	CXXIV	15 & 16
" ? av. punicea F. & R.	"	"	17 & 17a
Ariola ? bryophilina F. & R.	Noct.	CXX	10
" Hantemeti F. & R.	"	CVIII	1
Aselindes thyreata F. & R.	Geom.	CXXVIII	6
Aspita ? seminalis F. & R.	Pyral.	CXXXVI	19
Aspila tergemina F. & R.	Noct.	CVIII	55
Aspilates? Callistege F. & R.	Geom.	CXXXII	29
" aspersaria F. & R.	"	CXXIII	29
" longhata F. & R.	"	CXXIX	12
Athegrosa tuberosa F. & R.	Noct.	CXVII	21
Atteria mimica F. & R.	Tin.	CXXXIX	42
" pantherina F. & R.	"	"	41
Atychus? diabolus F. & R.	"	"	32
" ? illita F. & R.	"	CXL	32
" quaerula F. & R.	"	CXXXVIII	44
" querls F. & R.	"	CXXXIX	56
Axia? inscinta F. & R.	Geom.	CXXIX	10
Azazia? navigatorum F. & R.	Noct.	CXVII	4
Azelina? claustraria F. & R.	Geom.	CXLIII	25
" elysiaria F. & R.	"	"	12
" cycloteria F. & R.	"	"	16
" juscularia F. & R.	"	"	11
" garupavia F. & R.	"	"	21
" Ludigi F. & R.	"	"	29
" saturata Walk.	"	"	33
" spectrata Walk.	"	"	13
Azeta? caudalis F. & R.	Noct.	CXVIII	5
" hypogyrina F. & R.	"	"	19
" leucoma F. & R.	"	"	20
" ? minica F. & R.	"	CXIX	7
" ? pertinax F. & R.	"	"	1 & 2
Badera nobilis F. & R.	Tin.	CXXXIX	9
Baptria excecuta F. & R.	Geom.	CXXXIII	15
Bendis irregularis Hübn.	Noct.	CXIX	16
Berberodes conchylata Gué.	Geom.	CXXVIII	12
Bertula? monstrosalis F. & R.	Noct.	CXX	33
Biston immissus F. & R.	Geom.	CXXXIII	24
Blabophanes insularis F. & R.	Tin.	CXL	21
" nonnulla F. & R.	"	"	44
Bleumatia? Cucapa F. & R.	Noct.	CXX	34

	Fam.	Tafel	Fig.
Bleusostia? gallinalis (Moritz i. l.) F. & R.	Noct.	CXX	22
Blepharomastix? garzettalis F. & R.	Pyral.	CXXXV	1
Boarmia? accentuata F. & R.	Geom.	CXXV	6
" adumata F. & R.	"	CXXVI	5 & 5 a
" ? infumata F. & R.	"	"	13 & 13 a
" marginata F. & R.	"	CXXXIII	11
" merops Cram.	"	CXXV	11
" nigraria F. & R.	"	CXXVI	1
" pertusaria F. & R.	"	CXXV	17
" ponderata F. & R.	"	"	18
" Rupertata F. & R.	"	CXXVI	15
" ? squamigera F. & R.	"	"	11
" trikotaria F. & R.	"	"	10
" tulbaghata F. & R.	"	"	5
Bocana? lobine F. & R.	Noct.	CXX	18
Boline bissonata F. & R.	"	CXII	19
Botyodes plusilaxalis Moore	Pyral.	CXXXV	41
Botys abruptalis Walk.	"	"	10
" albicerya F. & R.	"	"	36
" articalis F. & R.	"	CXXXIV	51
" atyrialis F. & R.	"	CXXXV	50
" angustalis F. & R.	"	CXXXIV	26
" bratalis F. & R.	"	CXXXV	5
" burunalis F. & R.	"	"	27
" ? canducalis F. & R.	"	"	43
" caraijea F. & R.	"	CXXXIV	36
" candulis F. & R.	"	CXXXV	45
" clitialis F. & R.	"	CXXXIV	30
" ? circualis F. & R.	"	CXXXV	37
" colleris F. & R.	"	"	19
" concolor F. & R.	"	CXXXVI	21
" devialis F. & R.	"	CXXXV	21
" cuidalis F. & R.	"	"	14
" frustalis Zeller	"	CXXXIV	28
" ? fugalis F. & R.	"	"	57
" gallinta F. & R.	"	CXXXV	20
" heliaealis F. & R.	"	CXXXIV	35
" Hercules F. & R.	"	CXXXV	49
" hurralis F. & R.	"	"	25
" leutalis F. & R.	"	"	44
" ? linalis F. & R.	"	CXXXVII	9
" machinalis F. & R.	"	CXXXVI	56
" senetalis F. & R.	"	CXXXV	50
" senhonga F. & R.	"	CXXXVII	27
" mooralis F. & R. = Marg. polygonalis Doubld. in Dieffenbach New-Zealand p. 288.	"	CXXXIV	54
" ? metallescens F. & R.	"	CXXXVIII	58
" nauticealis F. & R.	"	CXXXV	13
" oldialis F. & R.	"	CXXXIV	38
" octoguttalis F. & R.	"	CXXXV	38
" opalisans F. & R.	"	"	28
" orbitalis F. & R.	"	CXXXIV	32
" otogalis F. & R.	"	"	35
" palmatis F. & R.	"	CXXXV	33
" pangialis F. & R.	"	CXXXIV	25
" patialis F. & R.	"	CXXXV	46
" perticalis F. & R.	"	"	9
" ? phragmaeerus F. & R.	"	"	18
" procerialis Led. Var.?	"	CXXXIV	42
" rufinalis F. & R.	"	CXXXV	39

	Fam.	Tafel	Fig.
Botys spilosoma F. & R.	Pyral.	CXXXV	46
" triumphalis F. & R.	"	"	47
" vanalis F. & R.	"	CXXXVI	6
" vitialis F. & R.	"	CXXXV	5
Brikaspa atrosignatella Moore (inter Bombyc.)	"	XCVIII	19
Bronchelia anomala F. & R.	Geom.	CXXV	20
" cocillata F. & R.	"	"	19
Brotis? stenogaster F. & R.	Noct.	CXIX	5
Brujas festonata F. & R.	"	CXIV	1
Bryophila leucochiza F. (inter Bombyc.)	"	C	12
" relutina F.	"	"	14
Bryoptera? lecidoea F. & R.	Geom.	CXXVI	9
" gautoata F. & R.	"	"	8
Bursada? Cleis F. & R.	"	CXX	22
" margifera F. & R.	"	"	12
" sagota F. & R.	"	"	11
" minor F. & R.	"	"	21
Butalis siurusis F. & R.	Tin.	CXL	11
Chorographis ostevlalis Led.	Pyral.	CXX	11
Calesia? cirrus F. & R.	Noct.	CVIII	44
" Fatua F. & R.	"	CXVII	17
" prilta F. & R.	"	"	19
" stillifera F. & R.	"	"	18
Calymnia cirrus F. & R.	"	CIX	5
" Orav F. & R.	"	"	35
Colyzis Idonea Cram.	"	CX	36
Cambogia leprosa F. & R.	Geom.	CXXVIII	36
" lurida F. & R.	"	"	25
Cansilia? cannara F. & R.	Noct.	CXI	20
Capnodes Bira F. & R.	"	CXIX	26
" bionta F. & R.	"	CXVIII	15
" C album F. & R.	"	CXIX	6
" incornans F. & R.	"	"	14
" livens F. & R.	"	"	12
" obtentata F. & R.	"	CXVIII	14
" rubecula F. & R.	"	CXIX	15
" subguttata F. & R.	"	"	9
" tortor F. & R.	"	"	8
" uncinata F. & R.	"	"	10
" Undina F. & R.	"	CXX	16
Caradrina Hügeli F. & R.	"	CIX	13
" pollicornis F. & R.	"	"	20
Catrina? luteola F. & R.	Tin.	CXXXVIII	26 & 27
Carpella districta Walk.	Geom.	CXXX	28
Carpocapsa pomana F. & R.	Tortr.	CXXXVIII	10
Cataclysta alocalis F. & R.	Pyral.	CXXXVI	3
" australis F. & R.	"	"	10
" cerussalis F. & R.	"	"	8
" chalcistis F. & R.	"	"	9
" patualis F. & R.	"	"	7
" innocalis F. & R.	"	"	14
Cazala? opops F. & R.	Noct.	CXX	42
Catosola? leucania F. & R.	Pyral.	CXXXVII	13
Catamelas n. g. Caripina F. & R.	Noct.	CXIX	21
Catocala Actaea F. & R.	"	CXII	22
" Pasata F. & R.	"	"	23
Caustoloma? sicur F. & R.	Geom.	CXXXII	4
Celerena andomaria F. & R.	"	CXXX	18

	Fam.	Tafel	Fig.
Celerena chrysarga F. & R.	Geom.	CXXX	20
„ cucumis F. & R.	„	„	30
„ funebris F. & R.	„	„	14
„ tricolor F. & R.	„	„	10
Cenoce guttana F. & R.	Tin.	CXXXIX	34
Ceratoclasis barbicornis F. & R.	Pyral.	CXXXVI	1
Ceroctena portipennis F. & R.	Noct.	CXIX	3
Chadara reniculu F. & R.	„	„	17
Chaloinye deltifera F. & R.	„	CXVII	21
„ Mabura F. & R.	„	„	18
Chilo comparellus F. & R.	Pyral.	CXXXVII	5
„ obliteratellus Zell.	„	„	24
„ spectabilis F. & R.	„	„	2
„ virgatus F. & R.	„	„	3
Chloenias betularia F. & R.	Geom.	CXXIV	9
„ cramharia F. & R.	„	CXXXIII	12
„ egregia F. & R.	„	CXXXI	24
„ ? focata F. & R.	„	CXXIV	11
„ ochrosoma F. & R.	„	CXXXI	30
„ terrosma F. & R.	„	„	22
Chlorosoma psittacina F. & R.	„	CXXVII	26
Choreutes bifilaria F. & R.	„	CXXII	1
Choregia n. g. fulgens Zeller.	Tin.	CXL	17
„ ridicens F. & R.	„	„	16
Choreutis? aeneigutta F. & R.	„	CXXXVIII	2
„ Nararae F. & R.	„	„	14
„ ocularis F. & R.	„	„	13
„ suavis F. & R.	„	„	3
Chrysoceris limbogutata F. & R.	Geom.	CXXVII	21
Chrysotaenia arcuata F. & R.	„	CXXXIII	7
Cidaria absitaria F. & R.	„	CXXXII	20 & 20 a
„ acerbata F. & R.	„	„	7
„ adunata F. & R.	„	CXXXI	31
„ aquosata F. & R.	„	CXXXII	38
„ arcuata F. & R.	„	CXXXI	9
„ asuata F. & R.	„	„	4
„ brunneiceps F. & R.	„	„	3
„ chloridata F. & R.	„	CXXXII	18
„ circumeudata Snellen.	„	„	15
„ corchiata F. & R.	„	„	2
„ consumata F. & R.	„	„	37 & 37 a
„ gallinata F. & R.	„	CXXXI	8
„ gobiata F. & R.	„	„	2
„ grumata F. & R.	„	CXXXII	6
„ hyaenata F. & R.	„	„	41
„ inopinata F. & R.	„	„	3
„ lupinata F. & R.	„	CXXXI	19
„ sanedata F. & R.	„	CXXXIII	13
„ nartata F. & R.	„	CXXXII	40
„ melidiata F. & R.	„	„	42
„ modata F. & R.	„	„	23
„ mundata F. & R.	„	„	8
„ uncinata F. & R.	„	„	32
„ urbata F. & R.	„	CXXXI	6
„ ungata F. & R.	„	CXXXII	39
„ obarata F. & R.	„	„	33
„ occlusata F. & R.	„	„	16
„ ordinata Gué.	„	CXXVIII	17
„ pamphilata F. & R.	„	CXXXII	34
„ percersata F. & R.	„	„	14 & 24

	Fam.	Tafel	Fig.
Cidaria plenigrata F. & R.	Geom.	CXXXII	15
„ ramularia F. & R.	„	„	31
„ rivata F. & R.	„	„	1
„ semiliwata F. & R.	„	CXXXI	36
„ setaria F. & R.	„	CXXXII	17
„ sphaeriata F. & R.	„	CXXXI	14
„ subchlorata F. & R.	„	CXXXII	14
„ timareta F. & R.	„	„	19
„ undosata F. & R.	„	CXXVIII	2
„ cervicheta F. & R.	„	CXXXI	20
„ vitellaria F. & R.	„	CXXXIII	1
Cimicodes mandaria F. & R.	„	CXXII	14
Cindaphia inæqualis Lederer.	Pyral.	CXXXIV	39
Cirrhochrista funipalpis F. & R.	„	CXXXV	31
Cirrhoedia? arcuda F. & R.	Noct.	CVIII	22
Cisthene? Aglaope F. & R.	Bomb.?	CXXXVIII	55
„ carrina F. & R.	„	„	63
„ ? coccea F. & R.	„	CXXXIX	10
„ hilaris F. & R.	„	„	3
„ ? euphasis F. & R.	„	„	4
„ ? suspecta F. & R.	„	CXXXVIII	45
Clinioides? Nattereri F. & R.	Pyral.	CXXXVI	29
Cnemidophorus albicola F. & R.	Pteroph.	CXI	59
Coenilista Feronii F. & R.	Noct.	CXII	7
Colletria n. g. pyrchnocrocis Zeller.	Tin.	CXXXIX	7
Colobochila? Eliveina F. & R.	Noct.	CXX	17
„ ? persuatilis F. & R.	„	„	20
Coleteia apuvaria F. & R.	Geom.	CXXII	4
„ ? chilenaria F. & R.	„	CXXIV	6 & 7
„ Kusetaria F. & R.	„	CXXIII	28
Contibeena albiceps F. & R.	„	CXXVII	15
„ calcinata F. & R.	„	„	23
„ pacifica F. & R. (♀ C. calcinatae)	„	„	24
Conchylis? galbana F. & R.	Tortr.	CXL	29
„ Lindigiana F. & R.	„	CXXXV	42
„ Triarci F. & R.	„	CXXXVII	48 & 51
Conuca irrasca F. & R.	Tin.	CXXXVIII	39 & 40
Corunis Boisier F.	Uran.	CXXI	3 & 4
Cosmia smdona F. & R.	Noct.	CX	38
Crambus auroseus F. & R.	Pyral.	CXXXVII	51
„ flexuosellus Doubled.	„	„	32
„ gracilis F. & R.	„	„	26
„ interruptus F. & R.	„	CXXXV	15
„ Rangoum F. & R.	„	CXXXVII	25
„ rotuellus F. & R.	„	„	30
„ tririgatus F. & R.	„	„	29
„ tubuulis F. & R.	„	„	18
Cratoptera retectaria F. & R.	Geom.	CXXXIII	17
Cremnodes lentur F.	Noct.	CXIII	9
Cryptolechia? alveola F. & R.	Tin.	CXI	35
„ ? coma F. & R.	„	CXXXVIII	37
„ cretifera F. & R.	„	„	58
„ cruenta F. & R.	„	„	56
„ diffusa F. & R.	„	„	54
„ elatior F. & R.	„	„	67
„ farcosa F. & R.	„	„	61
„ flavicosta F. & R.	„	„	47
„ fraterna F. & R.	„	„	51
„ galactina F. & R.	„	CXL	34
„ genetto F. & R.	„	CXXXVIII	35

	Fam.	Tafel	Fig.
Cryptolechia grandis Perty	Tin.	CXXXIX	56
" hespita F. & R.	"	CXXXVIII	57
" intermedia F. & R.	"	CXXXIX	13
" isabella F. & R.	"	"	24
" lepona F. & R.	"	CXXXVIII	65
" pallirostris F. & R.	"	"	41
Cucullia consimilis F. & R.	Noct.	CVIII	52
" pallidistria F. & R.	"	"	54
" tereusia F. & R.	"	"	53
Coelopteryx? macrops F. & R.	"	CXX	15
Cyclomon Peggi H. Sch.	Uran.	CXXI	6 & 7
Cycar? luzonica F. & R.	Bomb.?	CXXXIX	53
" ? ochropyga F. & R.	"	"	15
" ? orbicularis F. & R.	"	CXL	27
" ? pardalium F. & R.	"	CXXXIX	20
" ? princeps F. & R.	"	"	28
Cyrtochila? marginalis F. & R.	"	"	14
" Pelasis Rght. nota	"	"	14
Dalima Patnarea F. & R.	Geom.	CXII	12
Dramila volula F. & R.	Pyral.	CXXXVI	4
Dentecallyta cristalis F. & R.	"	"	17
Dieathoeria acumen F. & R.	Noct.	CIX	15
" katunga F. & R.	"	"	28
Diastema? multiguttu F. & R.	"	CXIX	20
Diateuea? Lacerosi F. & R.	"	CXI	30
Diathrausta? adnarealis F. & R.	Pyral.	CXXXV	11
" tenstralis F. & R.	"	"	23
Dichromia? Tassinia F. & R.	"	CXXXIX	29
Dichomapha volians F. & R.	Tortr.	CXXXVIII	18
Dracunia? deigarta F. & R.	Sicul.	CXXXIV	3
Drepotales? maculatus F. & R.	Geom.?	"	44
Drasteria Parona F. & R.	Noct.	CXVII	9
Drepanodes albivenata F. & R.	Geom.	CXXIII	5
" ? atinctaria F. & R.	"	"	18
Drepobota agatu F. & R.	Noct.	CIX	4
Dyops pupillata F. & R.	"	CXI	21
Dasichista ialeus o F. & R.	"	CX	1
Dyar·dia n. g. zibellina F. & R.	"	CXII	8
Dynolia thyridina F. & R.	"	CXVII	20
Earias phya F. & R.	"	CVIII	20
Echana? Teunenti F. & R.	"	CXX	1
Elpia? replicata F. & R.	"	CXVII	25
Elcis Donovani F. & R.	Geom.	CXXXII	5
" glaucata Walk.	"	"	25 & 25 a
Esaplocia entagidaria F. & R.	"	CXXXIII	9
" ? tricolor F. & R.	"	"	14 & 14 a
Eudropia milonaria F. & R.	"	CXIII	31
Entomogramma fautrix Gué.	Noct.	CXV	5
" panthera F. & R.	"	"	6
" squamicornis F. & R.	"	"	3
" torsa F. & R.	"	"	4
Epinaeria abunda F. & R.	"	CVIII	46
" ? aenigma F. & R.	"	"	47
Epinaevis dihapha F. & R.	Geom.	CXXV	10 & 10 a
Epidesma furcillata F. & R.	"	CXXVIII	30
Epicrauthis? antipodaria F. & R.	"	CXXVI	3
Episparis Doroilla F. & R.	Noct.	CXX	41

	Fam.	Tafel	Fig.
Epizeuxis? cruciatis F. & R.	Noct.	CXX	37
Erastria africana F. & R.	"	CVIII	6
" ? lucia F. & R.	"	"	37
" bagolana F. & R.	"	"	21
" ? Nganza F. & R.	"	CXX	6
Erateina garrulata F. & R.	Geom.	CXXXIII	31 & 31 a
" luminis F. & R.	"	"	21 & 21 a
" mutieeata F. & R.	"	"	26 & 26 a
" oriolata F. & R.	"	"	27 & 27 a
" paroenuta F. & R.	"	"	25 & 25 a
" Pohliana F. & R.	"	"	22 & 22 a
" thyridata F. & R.	"	"	23 & 23 a
Erot..? adustalis F. & R.	Pyral.	CXXXV	32
Erchomorpha muraria Guè. ♂	Geom.	CXXVI	18 & 18 a
" " ♀	"	"	19 & 19 a
" pauperata F. & R.	"	"	16
" aanthosoma F. & R.	"	"	17
Eretmocera? neuriceps F. & R.	Tin.	CXXXVIII	62
" ? flavipennis F. & R.	"	"	59
" ? testeoides F. & R.	"	CXL	22
Eritusa eraceipes Walk.	Pyral.	CXXXVI	31
" Euaryps F. & R.	"	"	34
" mimalis F. & R.	"	"	33
" nitealis F. & R.	"	"	35
" pseudiusa F. & R.	"	"	30
" rudialis F. & R.	"	"	32
Eroepus decumanus F. & R.	Noct.	CX	25
" Dohrnhalti F. & R.	"	"	14
" Walteri F. & R.	"	"	26
Eromene comilla? Zeller	Pyral.	CXXXVI	2
Erusia biungula F. & R.	Geom.	CXXXIII	2 & 2 a
" bolens F. & R.	"	CXXVIII	38
" lisianota F. & R.	"	"	21
" litus F. & R.	"	"	20 & 20 a
" consaltata F. & R.	"	CXXXIII	18
" versicaria F. & R.	"	CXXVII	7
Erupa? titanalis F. & R.	Pyral.	CXXXVII	4
Ethmia? gnaphalina F. & R.	Tin.	CXXXIX	58
Ethustis? Enoasto F. & R.	Pyral.	CXXXVI	28
Euchloena? algoatica F. & R.	Geom.	CXXIII	17
" tinettaria F. & R.	"	"	9
" ? pollidata F. & R.	"	CXXII	21 & 21 a
" ? olva var. ? cinerea F. & R.	"	"	22
" ugielaria F. & R.	"	CXXIII	23
Euchlaris adipenta F. & R.	"	CXXVII	19 & 19 a
" latinta F. & R.	"	"	7
" cremata F. & R.	"	"	8
" crinata F. & R.	"	"	5
Euclidia agnuanicum F. & R.	Noct.	CXVII	10
" ? Pohli F. & R.	"	"	4
" ennicea F. & R.	"	"	11
" tephaina F. & R.	"	"	7
Euelytia myodes F. & R.	"	CXIX	22
Eudioptis ehrolis F. & R.	Pyral.	CXXXV	35
Eumelea fagenta F. & R.	Geom.	CXXVII	39
" obeuta F. & R.	"	"	34
Euphasia? oliens F. & R.	Noct.	CVIII	48
Eupithecia jumiqalpata F. & R.	Geom.	CXXXI	33
Eupteria auarenta F. & R.	Noct.	CX	8
" angeus F. & R.	"	"	5

	Fam.	Tafel	Fig.
Euplocia ruvida F. & R.	Noct.	CX	7
- Subitacha F. & R.	"	"	6
Euchipia Boeleri F. & R.	"	"	29
- Geieri F. & R.	"	"	23
- progressa F. & R.	"	CXI	24
Eusteria? Chryamys F. & R.	—	CXXXVIII	30
Felinia? adspersa F. & R.	Noct.	CXVII	23
Fidonia unguinata F. & R.	Geom.	CXXIX	1
- birrigata F. & R	"	"	22
- burglus F. & R.	"	"	5 & 5a
- cubellata F. & R.	"	"	2
- sacrata F. & R.	"	"	7
- ? urbinate F. & R.	"	CXXX	25
Focillo bondina F. & R.	Noct.	CXVIII	23
- epulea F. & R.	"	"	24
- jocunda F. & R.	"	"	22
- fulva F. & R.	"	"	21
- intacta F. & R.	"	"	18
- Sita F. & R.	"	CXX	40
Fidinia excaenilaa F. & R.	"	CXVII	16
Galleria austrina F. & R.	Pyr.	CXXXVII	7
Galleria mneplus lichenoides F. unter Bombyc.	Noct.	C	15
Gatria acolicra F. & R.	Tin.	CXXXVIII	12
- enartiges F. & R.	"	"	20
- increasia F. & R.	"	"	21
- lata F. & R.	"	"	15
Gelechia albilimbella F. & R.	"	CXI	5
- fuscella F. & R.	"	"	1
- ? fulginosa F. & R.	"	CXXXVIII	43
- ? nickella F. & R.	"	CXI	14
- nupella F. & R.	"	"	2
- plejadella F. & R.	"	"	8
- ? rustella F. & R.	"	"	12
- signifera F. & R.	"	CXXXIX	23
- tumgella F. & R.	"	CXL	45
Genusa? Dioptri F. & R.	Geom.	CXXX	24
- fastulata F. & R.	"	"	29
- radiata F. & R.	"	"	8
Geometra valida F. & R.	"	CXXVII	37
Glyphipteryx aurangella F. & R.	Tin.	CXI	39
- angella F. & R.	"	"	15
- tungella F. & R.	"	"	40
- eduptella F. & R.	"	"	3
Glyphodes Batesi F. & R.	Pyral.	CXXXV	29
- ? decussalis F. & R.	"	CXXXVI	33
- ? impuralis F. & R.	"	CXXXV	2
- novalis F. & R.	"	CXXXVI	38
- moris F. & R.	"	"	26
Gonopteryx? Murada F. & R.	Noct.	CXX	26
Gonodonta dentata F. & R.	"	CXI	4
- fulvidens F. & R.	"	"	11
- aeror Cram.	"	"	13
Gonodontis anticuaria F. & R.	Geom.	CXXIV	20
- ? Nelsonaria F. & R.	"	CXXIII	3
- ? semiluteacria F. & R.	"	CXXII	6
Gracilaria? chrysitis F. & R.	Tin.	CXI	43

	Fam.	Tafel	Fig.
Gracilodes? aeuspuuda F. & R.	Noct.	CXIX	25
" *? fumigenalis* F. & R.	"	"	29
" *Ludiana* F. & R.	"	CXX	25
Grammodes tadis F. & R.	"	CXV	1
Graphiligna cultaria F. & R.	Geom.	CXXXII	44
" *flaviceps* F. & R.	"	"	43
Graphipora russifer F. & R.	Noct.	CXIV	7
Grapholitha Barbana F. & R.	Tortr.	CXXXVIII	7
" *gregana* F. & R.	"	CXXXIX	10
" *leguana* F. & R.	"	CXXXVIII	6
" *Nuncuana* F. & R.	"	CXXXVII	49
" *nucleana* F. & R.	"	"	56
" *petoeriana* F. & R.	"	"	55
" *plectana* F. & R.	"	CXXXVIII	5
" *punana* F. & R.	"	CXXXVII	43
" *sinana* F. & R.	"	"	42
" *subtiliana* F. & R.	"	CXXXVIII	8
" *trotoana* F. & R.	"	"	9
" *? volnta* F. & R.	"	CXXXVII	39
" *xylinana* F. & R.	"	"	41
Gymptery? tradinaria F. & R.	Geom.	CXXIII	21
Hadena Abida F. & R.	Noct.	CIX	7
" *adducta* F. & R.	"	"	25
" *advocata* F. & R.	"	CX	4
" *Algon* F. & R.	"	CIX	21
" *innocens* F. & R.	"	"	31
" *lucens* F. & R.	"	"	16
" *palliceps* F. & R.	"	CX	9
" *Taprobanae* F. & R.	"	"	3
Halisidota? loeuanna F. & R.	Bomb?	CIX	1
Harpella? crassella F. & R.	Tin.	CXXXIX	22
Hedyle lepusaria F. & R.	Geom.	CXXXIII	33
Heliocheilus translucens F. & R.	Noct.	CVIII	40
Heliothis Aesias F. & R.	"	"	42
" *conchula* F. & R.	"	"	41
" *deleria* F. & R.	"	"	40
Hemagylea imperna F. & R.	Geom.	CXXIX	19
Hemerophila caperatalipata F. & R.	"	CXXVI	12
" *jugema* F. & R.	"	"	2
" *subapressata* F. & R.	"	CXXV	16
" *? sulphtata* F. & R.	"	CXXVI	7
Henisontia? ovalis F. & R.	Pyral.	CXXXVI	16
Herdonia osseralis Walk.	Sicul.	CXXXIV	4
Herolaia? Kerica F. & R.	Noct.	CXX	38
Heterogramma? appensa F. & R.	"	"	45
Heterolocha patalata F. & R.	Geom.	CXXXII	9 & 9 a
" *phoenicotaeniata* Kollar.	"	CXXXIII	6 & 6 a
Heteropygas Ligia F. & R.	Noct.	CXVII	8
" *zicsac* F. & R.	"	"	14
Heterusia? aluta F. & R.	Geom.	CXXXIII	30
" *anicata* F. & R.	"	CXXX	13 & 13 a
" *caesarea* F. & R.	"	"	9 & 9 a
" *? Cincinnographa* F. & R.	"	"	4 & 4 a
" *dichroata* (Mur. i. lit.) F. & R.	"	"	3 & 3 a
" *? Ephestris* F. & R.	"	"	5
" *? maestrata* F. & R.	"	"	7 & 7 a
" *merinata* F. & R.	"	"	26
" *Milera* F. & R.	"	"	2 & 2 a

2*

	Fam.	Tafel	Fig.
Heterusia ochracea F. & R.	Geom.	CXXX	17
” sinuosa F. & R.	”	”	5 & 5 a
” Zerutis F. & R.	”	”	1 & * a
Hibarca variegata F. & R.	”	CXXIII	7
” villaria F. & R.	”	CXXIV	1
Homoptera grandulata F. & R.	Noct.	CXI	22
Homtrea? graditalis F. & R.	Pyral.	CXXXVI	15
” minuulis F. & R.	”	”	18
Hulodes? fulvosta F. & R.	Noct.	CXV	8
Hyaleu urtanatis F. & R.	Pyral.	CXXXV	16
Hyblaea Ambulator F. & R.	Noct.	CXI	12
” tenebricosa F. & R.	”	”	11
Hydrillodes? tunienla F. & R.	”	CXX	50
Hygrochroa? dorsilliata F. & R.	Geom.	CXXIV	12 & 12 a
” ? dulcimaria F. & R.	”	CXXIII	8
” gallanaria F. & R. ♂	”	CXXIV	13 & 13 a
” ” ♀	”	”	11 & 11 a
Hypena bestalis F. & R.	Noct.	CXX	19
” edubilis F. & R.	”	”	25
” ficuta F. & R.	”	”	39
” ? perna F. & R.	”	”	8
” plumalis (Mœn, i. l.) F. & R.	”	”	36
” scloriatis F. & R.	”	”	32
Hypenoria amgelina F. & R.	”	CXIX	36
” unveseens F. & R.	”	”	31
Hyperallia confinella F. & R.	Tin.	CXXXVIII	56
Hyperola tryphaenina F. & R.	Noct.	CXII	20
Hypochroma? Ottoria F. & R.	Geom.	CXXV	7 & 7 a
” ayssinta F. & R.	”	”	3
” aphagmata F. & R.	”	”	2
” agramata F. & R.	”	CXXVI	14
” Wilsoni F. & R.	”	CXXV	4 & 4 a
Hypocrita trichinsca F. & R.	Bomb.	CXXXVIII	52
Hypogramma Athene F. & R.	Noct.	CXII	3
” cholerica F. & R.	”	”	14
” hemipdogia F. & R.	”	”	6
” torusosa F. & R.	”	”	12
” ? eclurosa F. & R.	”	”	13
Hyponomeuta polystigmellus F.	Tin.	CXXXIX	17
Hypopyrpes? his metopus F. & R.	”	”	54 & 55
Hypopyra dulcina F. & R.	Noct.	CXV	10
” grandaeva F. & R.	”	”	11
” Paulia F. & R.	”	”	12
Hypsidra australis F. & R.	Geom.	CXXIX	23 & 24
” leptosoma F. & R.	”	”	25
Hypalis achatina F. & R.	Pyral.	CXXXIV	29
Idia? scopipes F. & R.	”	CXXXVI	39
Idiodes inspirata Guē.	Geom.	CXXIV	3
” puertiger F. & R.	”	”	4 & 4 a
Iodis? olivacea F. & R.	”	CXXVIII	13
Itauz? cinerascens F. & R.	”	CXXXI	1
” ? terinata F. & R.	”	CXXIX	13 & 13 a
Krananda vitraria F. & R.		CXXVIII	32
Lagoptera miniacea F. & R.	Noct.	CXVI	8
Larentia Revina F.	Uran.	CXXI	3 & 4

	Fam.	Tafel	Fig.
Laudesia? *alienbata* F. & R.	Geom.	CXXXIII	32
" *? typtacca* F. & R.	"	"	36
Lacernus? viridella F. & R.	Tin.	CXL	6
Lecithocera? levanio-pa F. & R.	"	"	25
" *? gratiosa* F. & R.	"	"	26
" *? odditella* F. & R.	"	"	9
Lepidodes cornifrons F. & R.	Noct.	CXII	11
Lepyrodes aromali F. & R.	Pyral.	CXXXV	22
Letis media F. & R.	Noct.	CXIV	8
" *equitiana* F. & R.	"	"	10 & 11
" *Strotonia* F. & R.	"	"	9
Leucania cicatrix F. & R.	"	CIX	8
" *Lindigi* F. & R.	"	"	11
" *Narola* F. & R.	"	"	9
" *tacuna* F. & R.	"	CX	22
" *Tangala* F. & R.	"	CIX	12
Leucanitis Schraderi F. & R.	"	CXVI	7
Leucinodes borealis F. & R.	Pyral.	CXXXV	3
Liodes? Augusi F. & R.	Geom.	CXXXI	13
Lithosia Proceris F. & R.	Bomb.	CXXXIX	12
Lobophora inbriparia F. & R.	Geom.	CXXXII	30
" *? ocellaris* F. & R.	"	CXXXI	5
Luperinus Augusi F. & R.	Noct.	CIX	26
Lygoniodes Agonista n. g. Rghfr. schrifara F.	"	CXIII	5 & 6
Lygris suecaria Snellen?	Geom.	CXXXI	35
Lypotigris bertalis F. & R.	Pyral.	CXXXVI	25
Macnas albidata F. & R.	Geom.	CXXIX	8
Magusa dissidens F. & R.	Noct.	CVIII	50
" *xerpido* F. & R.	"	"	51
Mamestra acceptrix F. & R.	"	CIX	19
" *angusta* F. & R.	"	"	15
" *antipoda* F. & R.	"	"	23
" *Bulgeri* F. & R.	"	CX	18
" *erucifer* F. & R.	"	CIX	30
" *grisci-pana* F. & R.	"	"	22
" *Maurer* F. & R.	"	"	24
" *sphagnea* F. & R.	"	"	17
" *Stoliczkae* F. & R.	"	"	32
Mania? Cladonis F. & R.	"	CXVI	4
Marasmia? rilitalis F. & R.	Pyral.	CXXXV	26
Marmoridae? Nara F. & R.	Noct.	CXX	47
Mastigophora Marina F. & R.	"	"	11
Megatomis Milani F. & R.	"	"	31
" *remulsens* F. & R.	"	"	3
" *? Sapuda* F. & R.	"	"	12
Melipotis ambulans F. & R.	"	CXVI	9
" *Gundlani* F. & R.	"	"	10
Merida n. g. sedentaria F. & R.	Geom.	CXXIV	2
Meraria? lacteolis F. & R.	Pyral.	CXXXVII	38
Mesicubales? Moritii F. & R.	Geom.	CXXIII	27
Metopteris abaitei F. & R.	Noct.	CVIII	36
Metria platypoda F. & R.	"	CXX	11
Metrocampa? sacambaria F. & R.	Geom.	CXXIII	31
Microdes torinta F. & R.	"	CXXXI	31
Microgonia amazonaria F. & R.	"	CXIII	11
Mictopalpha hubneriana Stoll.	—	CXXXVIII	22
" *superba* F. & R.	"	"	23
Micra erythrocera F. & R.	Bomb.?	"	53

	Fam.	Tafel	Fig.
Micra inucteta F. & R.	Bomb.?	CXXXIX	44
" accrosa F. & R.	"	"	43
" ? phaenules F. & R.	"	"	37
" ? picta F. & R.	"	CXXXVIII	49
Mimocraptilus congolanus F. & R.	Pteroph.	CXL	18
" pusticus F. & R.	"	"	54
" satinus F. & R.	"	"	60
" tenuis F. & R.	"	"	50
Mocis pectus F. & R.	Noct.	CXV	7
Molybdophora schedata F. & R.	Geom.	CXXVIII	34
Monoctenia amerinthavia F. & R.	"	CXXIV	18 & 19
Myelois? adusta F. & R.	Pyral.	CXXXVII	8
" ? Villara F. & R.	"	"	20
Nodusia Acutis F. & R.	Geom.	CXXVIII	25
Nemoria beyata F. & R.	"	CXXVII	12
" adurata F. & R.	"	"	35
" corruspata F. & R.	"	"	6
" ? hadrata F. & R.	"	"	27
" ? lanigera F. & R.	"	"	15
" stillata F. & R.	"	"	17
" tardiota F. & R.	"	"	11
Nephuliu juviata F. & R.	"	CXXX	27
Nemophora? nubilis F. & R.	Pyral.	CXXXVI	21
Numeria? albuata F. & R.	Geom.	CXXIX	17
" galbulata F. & R.	"	CXXXIII	20 & 20a
" ? innota F. & R.	"	CXXIX	11
" inclinata F. & R.	"	"	9
" ? quadrilogus F. & R.	"	CXXXIII	8
Nyctemera racadosa F. & R. (inf. Geom. loc.)	Bomb.	CXXIX	15
Nymphula batalis F. & R.	Pyral.	CXXV	4
" chrosalis F. & R.	"	CXXXVI	11
Ochsenheimeria? aponnisaurus F. & R.	Tin.	CXXXIX	6
Occopleura? dichigna F. & R.	"	CXXXVIII	4
" himaculans F. & R.	"	"	18
" ? litura F. & R.	"	"	24 & 25
" salinella F. & R.	"	CXL	41
" ? incatella F. & R.	"	"	19
" ? munda F. & R.	"	"	38
" trabella F. & R.	"	"	7
" utrella F. & R.	"	"	46
Oligopleura aulurata F. & R.	Geom.	CXXXI	10
Omiodes velvassuna F. & R.	Pyr.	CXXXVI	5
" ? tuctata F. & R.	Noct.	CXX	9
Ouphea? jrembinata F. & R.	Geom.	CXXXVII	2 & 3
" ? sanguinipuncta F. & R.	"	"	1
" ? Trimeni F. & R.	"	"	4
Ophideres Archon F.	Noct.	CXIII	3
Ophisma aucta F. & R.	"	CXVI	11
" lasigutta F. & R.	"	"	12
" lubuta F. & R.	"	"	6
" morbillosa F. & R.	"	"	15
" ? sculpta F. & R.	"	CXVII	26
" sumatrana F. & R.	"	CXVI	5
" tropicalis Guén.	"	"	14
Opisthograptis jarujaria F. & R.	Geom.	CXXIII	4
Ophiusa Andersoni F. & R.	Noct.	CXV	13

	Fam.	Tafel	Fig.
Opisogonia? dissipata F. & R.	Geom.	CXXIX	16
" truncata F. & R.	"	"	18
Opogona funaiceps F. & R.	Tin.	CXXXIX	8
Orgesia nobilis F. & R.	Noct.	CXI	7
Orthogonia acra F.	"	CXII	15
Orthogramma? rupestris F. & R.	"	CXVII	1
Ortholitha birsita F. & R.	Geom.	CXXXII	10
Orthostixis Hügeli F. & R.	"	CXXX	19
Ostenstes turbulentata Guèné.	"	CXXIX	4 & 4 a
O. cyderois acrippensis F. & R.	Noct.	CXX	21
Oxydia Batesi F. & R.	Geom.	CXXII	15
" clavata F. & R.	"	"	9 & 9 a
" Notterceri F. & R.	"	"	16
" cittigata F. & R.	"	"	17
Oxyptilus languidus F. & R.	Pteroph.	CXL	47
" subitus F. & R.	"	"	55
" rigens F. & R.	"	"	49
Pachnobia? Australiae F. & R.	Noct.	CXI	27
Pachrophylla obolato F. & R.	Geom.	CXXXII	36
Pachygales lutripes F. & R.	"	CXXV	8 & 8 a
Pachythyris scutoides F. (inter Bomb. loc.)	Noct.	CI	15
Pardisca nothiana F. & R.	Tortr.	CXXXVII	10
Palindia albato F. & R.	Noct.	CXI	1
" Cuesaeta F. & R.	"	"	2
" ensamptera F. & R.	"	"	18
" fusato F. & R.	"	"	17
" guttato F. & R.	"	"	3
" tenace-e-s. F. & R.	"	"	16
Palyas obvocata F. & R.	Geom.	CXXVII	38
Panacthia atrocoerulea F. & R.	"	CXXIX	27
Pancalia? stellaris F. & R.	Tin.	CXL	10
Pandesma Hewandi F. & R.	Noct.	CXI	25
" icanautremsis F. & R.	"	"	26
" ? sublimis F. & R.	"	"	23
Panagrapta? pensilis F. & R.	"	CXX	23
" Thelga F. & R.	"	"	16
Panula insipida F. & R.	"	CXII	16
Paragonia denatata F. & R.	Geom.	CXXIV	8
" succedens Walk.?	"	CXXII	11
Paropagus? gothicalis F. & R.	Pyral.	CXXXVI	15
" halicalis F. & R.	"	"	12
Penicillaria Notterceri F. & R.	Noct.	CX	19
Penestoglossa n. g. capensis F. & R.	Tin.	CXXXIX	31
Penthina astreana F. & R.	Tortr.	CXXXVIII	11
" largina F. & R.	"	CXXXVII	51
" ?Maximilia F. & R.	"	CXXXVIII	17
" ? lugubris F. & R.	"	"	32
Pessina? Thalia F. & R.	Noct.	CXIV	3
Percalia guttata F. & R.	Geom.	CXX	15
Pergama pumaria F. & R.	"	CXXIII	15
Phasiane eutillota F. & R.	"	CXXIX	3
" ? miliaria F. & R.	"	"	6
Phellinodes labiata F. & R.	"	CXXXIII	35
" uncerulata F. & R.	"	"	34
Phlegetonia? Bellana F. & R.	Noct.	CXII	1
Phoberia catocala F. & R.	"	CXVI	2
" ? fatua F. & R.	"	"	1
" Kucana F. & R.	"	"	3

	Fam.	Tafel	Fig.
Phryganidia pallicosta F. & R.	Geom.	CXXVII	31
Phthoroblastis amictana F. & R.	Tortr.	CXXXVII	53
Phurys cometodes F. & R.	Noct.	CXVII	15
" prolixa F. & R.	"	"	6
Phycis? cuprarula F. & R.	—	CXXXVIII	28
Phyganitia? rotundata F. & R.	Pyral.	CXXXIV	10
Phyganita Palindia F. & R.	Noct.	CXX	7
Pinacia? oculosis F. & R.	Pyral.	CXXXVI	20
Pitane albicordis F. & R.	Bomb.	CXL	37
" amanda F. & R.	"	"	36
" ? biplaga F. & R.	"	CXXXIX	5
" ? oblita F. & R.	Bomb.?	CXL	23
" sejuncta F. & R.	"	"	24
Plastenis ? ? grum F. & R.	Noct.	CXI	9
" ? margarops F. & R.	"	"	8
" ? scopularis F. & R.	"	"	10
Platamonia? stemmosa F. & R.	Pyral.	CXXXIV	16
Platyptilia Haasti F. & R.	Pteroph.	CXL	58
" weststhenis F. & R.	"	"	57
" ? si gnatica F. & R.	"	"	55
Plaxia amida F. & R.	Noct.	CXIX	24
Plusia albona F. & R.	"	CX	34
" adusta F. & R.	"	"	35
" agnes F. & R.	"	"	32
" Dasyccarista? F. & R.	"	"	33
" exquisita F. & R.	"	"	30
" Kalitura F. & R.	"	"	24
" scoteria F. & R.	"	"	31
" Wahlbergi F. & R.	"	"	27
Plusiodes? rufityes F. & R.	"	"	28
Plusiodonta venusaria F. & R.	"	CXI	6
Polla rotipes F. & R.	Geom.	CXXIII	30
" ? cirgultaria F. & R.	"	CXXIV	5
Polybanus sostrucata F. & R.	Noct.	CXI	31
Polyphaenis Francoisii F. & R.	"	CIX	11
Polythlipta — alis Lederer	Pyral.	CXXXV	31
Potamophora albata F.	Nort.	CXIII	4
Pribuntptera? auspiciosata F. & R.	"	CXVII	27
Problepsis argentea F. & R.	Geom.	CXXVIII	14
Psaliodes acharnata F. & R.	"	CXXXII	12
Psamatodes trenata F. & R.	"	CXXIX	21
" ? annotata F. & R.	"	"	20
Pseudias ? s keffa F. & R.	Tin.	CXXXIX	50
" Teras F. & R.	"	CXL	28
Psephis? degn F. & R.	Noct.	CXX	4
Pseudoplu Wolastechi F. & R.	"	CXV	2
Pucdus finitata F. & R.	Geom.	CXXVI	29 & 20a
Pyrinia ophita F. & R.	"	CXXXIII	28
" castaneata F. & R.	"	"	3 & 3a
" Kutorghe F. & R.	"	"	1
" ieterata F. & R.	"	CXXIII	10 & 10a
" spilota F. & R.	"	CXXXIII	29
Racheospila? albicosta F. & R.	"	CXXVII	22
" ? xyphota F. & R.	"	"	16
" jurtvula F. & R.	"	"	18
" Kocanata F. & R.	"	"	14
" marbillata F. & R.	"	"	16
" satiata F. & R.	"	"	36

	Fam.	Tafel	Fig.
Rhodostrophia strigonata F. & R.	Geom.	CXXVII	25
Ranophia albizona Latr.	Noct.	CXIV	5
Rejectaria galcatis F. & R.	„	CXX	21
Renigia alipes F. & R.	„	CXVII	12
„ ? crinipes F. & R.	„	CXIV	4
„ Hontali F. & R.	„	CXVII	5
Renodes ? lorensa F. & R.	„	CXIX	19
„ ? hamata F. & R.	„	„	23
„ ? nisoma F. & R.	„	„	11 & 11 a
Rhacodia rureuna F. & R.	Tortr.	CXXVII	47
Rhinphalea papualis F. & R.	Pyral.	CXXXVI	22
Rhinodia ? lancellata F. & R.	Geom.	CXXIX	14
Rhinaxia ? uhydella F. & R.	Tin.	CXXXVIII	29
Rhyparia ? feverata F. & R.	Geom.	CXXXI	7
„ granularia F.	„	CXXIX	28
Rivula ? polliceps F. & R.	Noct.	CXX	2
Sabulodes ? magicaria F. & R.	Geom.	CXXII	10
Salubrena ? genualis F. & R.	Pyral.	CXXXVII	55
Salepota hypotricha F. & R. (Lithos. ?)	Bomb.	CXXXVIII	30
Sanguia ? Necyria F. & R.	„	CXXXIII	19
Sanys ? javana F. & R.	Noct.	CXIX	28
Sarracena declinaria F. & R.	Geom.	CXXXI	32
„ pellicata F. & R.	„	„	27
Sauris uistata F. & R.	„	„	12
„ ranata F. & R.	„	„	11
Scardamia Taprobanea F. & R.	„	CXXIII	2
Scardia ? nivosa F. & R.	Tin.	CXXXIX	50
„ ? rudarella F. & R.	„	CXXXVIII	46
Scepsis ? unicolor F. & R.	—	CXXXIX	11
Schidax cevlae F. & R.	Geom.	CXXVIII	31
Scolopoenema cerussata F. (inter Bomb. loc.)	Noct.	C	11
Scoparia maonalis F. & R.	Pyral.	CXXXVII	34
„ notalis F. & R.	„	CXXXIV	41
„ pungalis F. & R.	„	CXXXVII	33
„ ustimacula F. & R.	„	CXXXV	17
Scopifera longipalpis (Maritz i. l.) F. & R.	Noct.	CXX	35
Scotopteryx mauriotata F. & R.	Geom.	CXXVI	4
„ pagauata F. & R.	„	CXXV	9
„ ? rinodaria F. & R.	„	„	21
„ ? vancata F. & R.	„	„	12
„ ? veldiriata F. & R.	„	CXXVI	6
Scotosia affirmata Gué. var.	„	CXXXI	37
„ „ var. bicolor	„	„	38
Selenis anguinea F. & R.	Noct.	CXVIII	2
„ comparta F. & R.	„	„	1
„ digna F. & R.	„	„	10
„ gallinago F. & R.	„	„	9
„ liguaria F. & R.	„	„	3
„ yrias F. & R.	„	„	4
Selidosema ? fragosata F. & R.	Geom.	CXXXI	29
„ ? puncta F. & R.	„	„	23
Sematura Actaeon F.	Uran.	CXXI	5
Semioscopis ? trigonella F. & R.	Tin.	CXXXIX	39
Sesiathina ? annulipes F. & R.	Geom.	CXXIII	1
„ detanta F. & R.	„	CXXVIII	37
„ diplalata F. & R.	„	„	16
„ divergentata Snellen	„	„	22 & 22 a
„ dominicata F. & R.	„	„	28

	Fam.	Tafel	Fig.
Semiothisa Egeria F. & R.	Geom.	CXXIV	10
" juvenura F. & R.	"	CXXVIII	4
" Gambariae Guéné.	"	"	18
" genitata F. & R.	"	"	29
" ? jutaria F. & R.	"	CXXIX	26
" marmorea F. & R.	"	CXXVIII	27 & 27 a
Semnia albivitta F. & R.	Pyral.	CXXXIV	21 & 22
" auricitta F. & R.	"	"	20
" cyanalis F. & R.	"	"	19
" ? fuscrea F. & R.	"	"	23
Serrodes? xanthorrhoea F. & R.	Noct.	CXII	21
Seticostoma flaviceps F. & R.	Tin.	CXXXVIII	1
" ? haematheia F. & R.	"	CXL	13
Siculodes amethystea F. & R.	Sicul.	CXXXIV	6
" caracula F. & R.	"	"	10
" cinerosela F. & R.	"	"	8
" fulsana F. & R.	"	"	2
" fulviceps F. & R.	"	"	12
" ? glareosa F. & R.	"	"	11
" linnata F. & R.	"	"	1
" punctum F. & R.	"	"	7
" ? roseola F. & R.	"	"	5
" sterea F. & R.	"	"	13
" strenuatula F.	"	"	9
" strubia F. & R.	"	"	14
" xanthina F. & R.	"	"	15
Sinacthis albipes F. & R.	Tin.	CXXXVIII	31
" basalis F. & R.	"	"	19
" ? chalybea F. & R.	"	CXL	4
" ? lutescens F. & R.	"	CXXXVIII	16
Simplicia ? infusa a F. & R.	Noct.	CXX	15
" tibialis F. & R.	"	"	43
Siriocauta? ambuscalis F. & R.	Pyral.	CXXXV	24
Sparganua? tesserulata F. & R.	Geom.	CXXXI	39 & 39 a
Spintherops accipiter F. & R.	Noct.	CXI	29
" ? undulata F. & R.	"	CXVII	22
Spirama lucida F.	"	CXIII	8
" educta F. & R.	"	CXV	9
Spiredonia conspecua F.	"	CXIII	7
Stathmopoda? tinuella F. & R.	Tin.	CXL	42
Stegania? allogaea F. & R.	Geom.	CXXXI	15 & 15 a
Stenoplastis pallinervis F. & R.	Bomb.	CXXXIII	16
Stenoptycha Lindleyi F. & R.	Pteroph.	CXL	61
Sterrha dichroma F. & R.	Geom.	CXXVII	20
Stictoptera olutacea F. & R.	Noct.	CXII	4
Strophidia pannata F. & R.	Geom.	CXXVIII	39
" phantasma F. & R.	"	"	40
Syumora? herculiella F. & R.	Tin.	CXL	31
Synapis? dicipunata F. & R.	Noct.	CXVIII	11
Syngria drepanata F. & R.	Geom.	CXXVIII	35 & 35 a
Synopsia Hedemanni F. & R.	"	CXXV	14 & 15
Syrnia nucalis F. & R.	Noct.	CXIV	2
Syrrhodia vernatilis a Guéné	Geom.	CXXIII	22
Syrtodes hrysifera F. & R.	"	CXXXI	28
" promubata F. & R.	"	"	25 & 25 a
" ? rostellaria F. & R.	"	CXXV	1
Tamyra cruoraea F. & R.	Pyral.	CXXXVII	16
" gibbosa F. & R.	"	"	36

	Fam.	Tafel	Fig.
Tanagra physophora F. & R.	Pyral.	CXXXVII	10
" *pusilla* F. & R.	"	"	11
" *splendens* F. & R.	"	"	15
" *tumida* F. & R.	"	"	12
Taria? Martina F. & R.	Noct.	CXIV	6
Teras algoana F. & R.	Tortr.	CXXXVII	50
Tetracis aegrotata Gub. var. *polyphagaria* F. & R.	Geom.	CXXII	5
Thalassodes scissaria F. & R.	"	CXXVII	9
Thalpochares accedens F. & R.	Noct.	CVIII	8
" *accincta* F. & R.	"	"	15
" *adulans* F. & R.	"	"	11
" *aerugo* F. & R.	"	"	45
" *delicata* F. & R.	"	"	13
" *? grisella* F. & R.	"	"	10
" *Naraena* F. & R.	"	"	18
" *ornatula* F. & R.	"	"	19
" *pennula* F. & R.	"	"	12
" *sabia* F. & R.	"	"	16
" *sacraria* F. & R.	"	"	17
" *sperans* F. & R.	"	"	9
" *? synamiliana* F. & R.	"	"	14
" *striga* F. & R.	"	CIX	29
Thermesia? adelpha F. & R.	"	CXVIII	6
" *? fenestrina* F. & R.	"	CXVII	2
" *icterodes* F. & R.	"	CXVIII	7
" *? infumata* F. & R.	"	"	17
" *? lolacina* F. & R.	"	"	30
" *octophora* F. & R.	"	"	12
" *scalaena* F. & R.	"	"	13
Thiona? filamentosa F. & R.	"	CXIX	18
Thyris fulgida F. & R.	"	CX	37
Thyriodes? sublimpida F. & R.	"	CXIX	13
Timandra goniaria F. & R.	Geom.	CXXVIII	3
Tinea? birergella F. & R.	Tin.	CXXXIX	2
" *clothrata* F. & R.	"	CXL	30
" *? codrella* F. & R.	"	CXXXVIII	33
Tnetoptera? tostum F. & R.	Bomb.	CXXXIX	26
Tomopteryx betulata F. & R.	Geom.	CXXXI	18
" *flava* F. & R.	"	"	16 & 17
" *lacinosa* F. & R.	"	"	21
Tortriconorpha albofasciu F.	Noct.?	CVIII	2
" *atroniquata* F.	"	"	3
" *costipuncta* F. & R.	"	"	5
" *flaviceps* F. & R.	"	"	4
Tortrix capitana F. & R.	Tortr.	CXXXIX	48 & 49
" *? discana* F. & R.	"	CXXXVII	41
" *herana* F. & R.	"	"	52
" *? insana* F. & R.	" ?	CXL	33
" *leprana* F. & R.	"	CXXXIX	46
" *mirana* F. & R.	"	"	34
" *nuptiana* F. & R.	"	"	45
" *ropeana* F. & R.	"	CXXXVII	45
" *sarathrura* F. & R.	"	CXXXIX	35
" *stapinus* F. & R.	Tortr.	"	47
" *Taipana* F. & R.	"	CXXXVII	46
Tosale? decipiens F. & R.	Pyral.	"	37
" *? fatalis* F. & R.	"	"	28
Trichostibas imitans F. & R.	Tin.	CXXXIX	27
Trigonophora Speyeri F. & R.	Noct.	CX	15

3*

	Fam.	Tafel	Fig.
Trygodes agrata F. & R.	Geom.	CXXVIII	19
„ *physciata* F. & R.	„	„	8
Urapteryx Kantalaria F. & R.	„	CXXII	3
„ *luteiceps* F. & R.	„	„	2
„ *praetoraria* F. & R.	„	„	13
„ *quadrifilato* F. & R.	„	„	7
Vitessa formosa F. & R.	Pyral.	CXXXVII	1
Xandrames? subflorata F. & R.	Geom.	CXXII	8
Xanthia minor F. & R.	Noct.	CIX	3
Xanthodes adunca F. & R.	„	CVIII	39
Xenochroa n. g. *notodontina* F. & R. (inter Bombyc. loc.)	„	XCVII	23
Ypsolophus? tricolor F. & R.	Tin.	CXXXIX	18
Yrias inchypetes F. & R.	Noct.	CXII	2
Zanclognatha? Denisi F. & R.	„	CXX	28
„ *Mindoro* F. & R.	„	„	27
Zanclopteryx? Cookaria F. & R.	Geom.	CXXIII	26
„ ? *Haustiaria* F. & R.	„	„	32
Zaratha? macrocera F. & R.	Tin.	CXL	18
„ ? *nivcirentris* F. & R.	„	„	26
Zebronia erminea F. & R.	Pyral.	CXXXV	7
„ *magicalis* F. & R.	„	„	6
Zethes Alfura F. & R.	Noct.	CXIX	27

Addenda et emendanda.

Taf. CXVII F. 10 = *Drasteria plumbeola* Grote in Bullet of Buffalo soc. 1. 1873 p. 155.
„ CXXIII F. 4. *Pro: Opisthograptis:* Opisthograptis.
„ CXXXV F. 15. *Pro: aliquot:* non nihil ad Ir. falsellum.
„ „ F. 27. *Pro: monent ad:* admonent gen. Spanistae.
„ CXXXVI F. 14. *deleas: cum.*
„ „ F. 27. *Pro: Phal. flaviciuctali:* ad Phal. flavicinctalem.
„ CXXXVII F. 12. *Ad gen. Oectoperia.* Zeller, Verh. zool. bot. Ges. 1875, Taf. X, F. 45, referenda.
„ „ F. 23. *Ad gen. Cordylopeza.* Zeller l. c. 1873 p. 206 referenda.

Papilio Pegasus

Papilio Lydius Felder

Papilio Magellanus

a. Papilio Polyzelus Feld. b. Papilio Zephaestion Feld. c. Papilio Euryleon Bar.
d. Papilio Erithalion Bsd. e. Papilio Alyattes Feld.

a. Papilio Aristomenes *Cr.* *b.* Papilio Anaximenes *var.* *c.* Papilio Alcamedes *Cr.*
d. Papilio Anacharsis *Cr.* *e.* Papilio Eteocles *Cr.* *f.* Papilio Adalieu *Cr.*

a. Papilio Venares Feld. b. Papilio Anaximander Feld. c. Papilio Polyphron Feld.
d. Papilio Sebion Feld. e. Papilio Eryxichus Feld. f. Papilio Pisander Feld.

a. Papilio Bostilius Felder. b. Papilio Osyris Felder. c. Papilio Aristagoras Felder.

a. Papilio Lepidus *Bdv. b.* Papilio Latinus *Bdv. c.* Papilio Nicanor *Bdv. d.*
e. Papilio Theisdamas *Bdv. f.* Papilio Lollenborii *Bdv.*

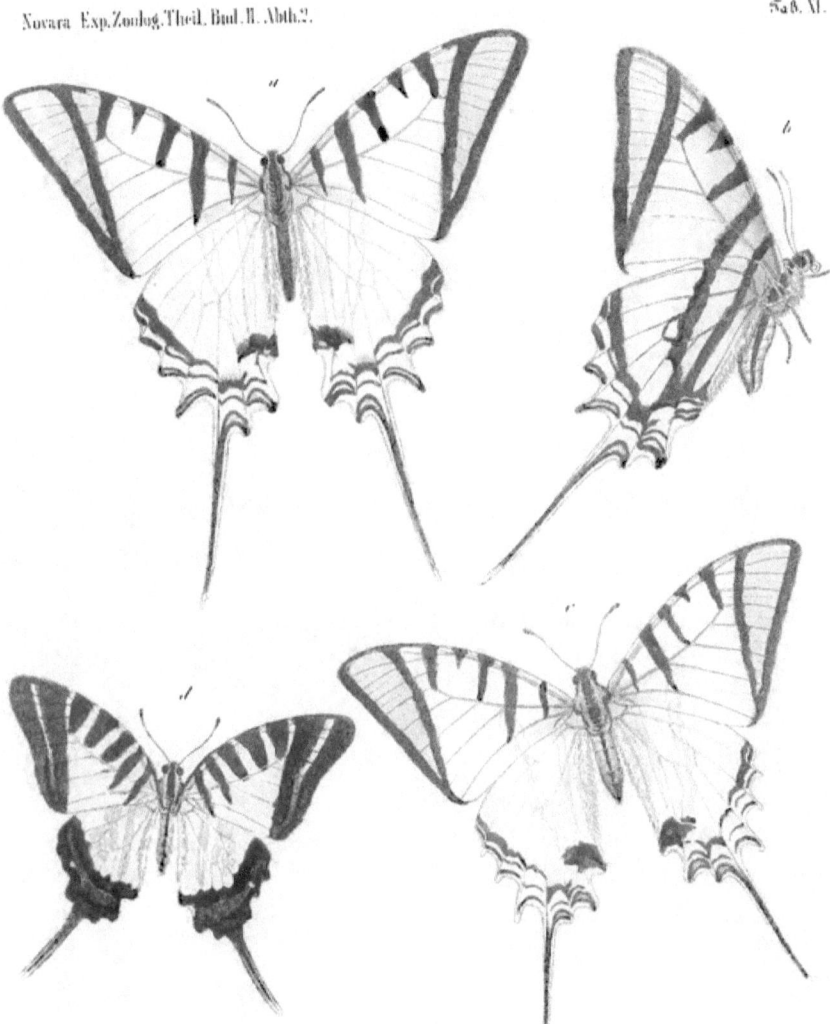

a.b. Papilio Gigon Felder. c. Papilio Rama Felder. d. Papilio Melanthus Felder.
e. Papilio Bermocrates Felder.

a. b. Papilio Coroebus Felder *c. d.* Papilio Belleri Felder

a. b. Papilio Bacchus … c. d. Papilio Etesias …

a. Papilio Ataspes Feld. b. Papilio Hypponous Feld. c. Papilio Hystaspes Feld.
d. Papilio Prexaspes Feld. e. Papilio Sataspes Feld.

a. Papilio Adrastus Felder nov. b. fem. c. Papilio Tydeus Felder nov.

a. Papilio Blumei. b. Papilio Daedalus. c. Papilio Adamantius.

a. Papilio Telegonus *b. c.*

a. Papilio Semperi Felder. b. c. Papilio Annae Felder. d. Papilio Alcmenor Felder.

1.2. Leptalis Arcadia Feld. 4.5. L. Nasua Feld.
7.8. L. hyposticta Feld. 9. L. Arsinoe Feld. 10. 11. L. Cordillera Feld.

1. Pieris Aegis. 2.3. P. Zamboanga. 4.5. P. Georgina. 6.7. P. Blanca. 8. P. Boisduvaliana. 9.P. Lorquinii.

1.2. Papilio Gundlachianus
3. Ixonia Obscura
8.9. Colias ladakensis
4.5. Romaw Miriam
6. Colias Eogene
10.11. Pierosis robusta

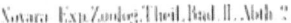

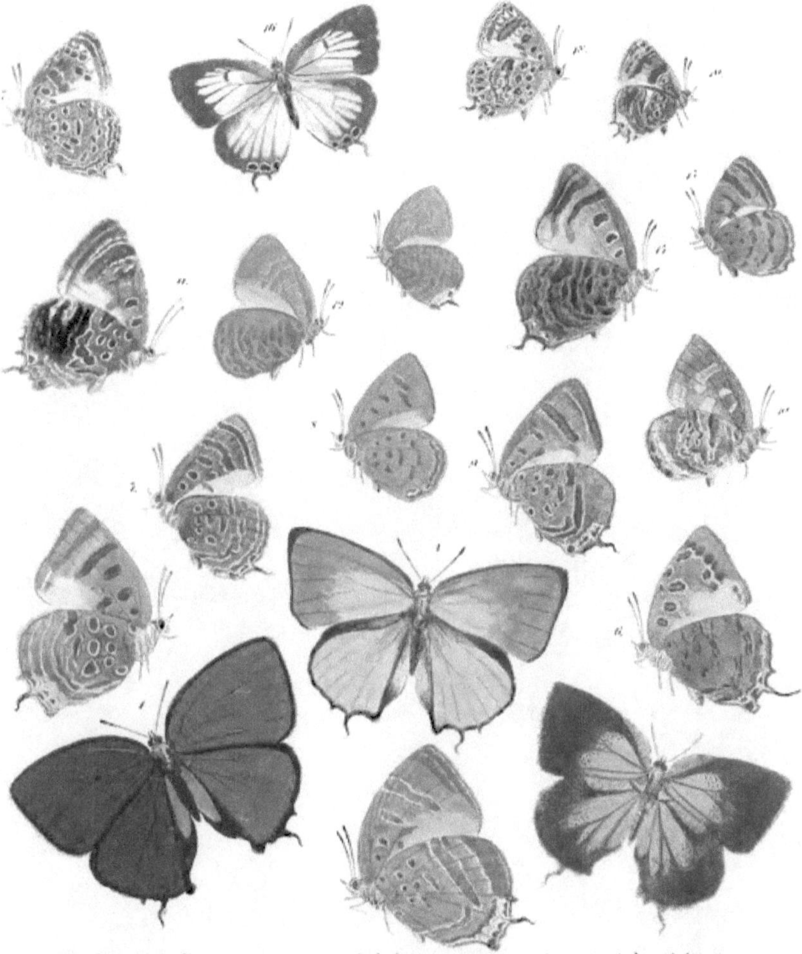

1. 2. Arhopala Tyrannus Felder. 3. 4. A. Araxes Felder. 6. A. nobilis Felder.
7. A. Vihara Felder. 8. A. Amphimuta Felder. 9. A. Philander Felder. 10. A. chinensis Felder.
11. A. Aglais Felder. 12. A. inornata Felder. 13. A. lycaenaria Felder. 14. A. Nakula Felder.
15. A. Arsenius Felder. 16. 17. A. Eridanus Felder. 18. A. Alesia Felder. 19. A. Amphea Felder.

Tab. XXXIII

1.2. Lycaena Philostratus. 3. L. Apollonius. 4.5. L. inops. 6.
7. L. caledonica. 8. L. Wallacei. 9.10. 11.12. L. Pactius.
13.14. L. Mindarus. 15.16. L. Aleuas. 17.18. L. Pindus.
19. L. Taygetus. 20.21. 22. L. Bymetus. 23.24.
25.26. L. Alisous. 27.28. L. Aleas.

1 Lycaena Pactolus Felder ... 4 L. Vernsia Felder 5 L. Auegia Felder 6 L. houdulana Felder
7.8 L. arruana Felder 9.10 L. Mindora Felder 11.12 L. Lagaya Felder ... 14.15 L. Nemea Felder
16.17 L. Amphissa Felder 18.19 L. Suidas Felder 20.21 L. Cleodus Felder ... 22 L. Alecto Felder
23.24 L. Minkurka Felder 26.27 L. Abena Felder 28.29 L. Palmyra Felder 30.31 L. Sericina Felder
32.33 L. Strongyle Felder 34 L. Mora Felder 35 L. macrophthalma Felder 36 L. Oeroe Felder
37 L. Maukena Felder

1.2. Mecyria Fulminatrix Feld. 3.4. M. Lindigii Feld. 5.6. Eurybia Donna Feld.
7.8. Erycina Causias Feld. 9.10. Xemeros emesoides Feld. nov. 11.km.
12.13. Emesis Cypria Feld. 14.15. Siseme Minerva Feld. 16.17. Crocozona Theretima Feld.
18.19. Calydna punctata Feld. 20.21. Synapta Arion Feld. 22.23. Charis Theodora Feld.
24.25. Pseudodipsas Sumatrae Feld.

1.2. Lemonias Albinus 3.4. L. Colobis 5.6. L. Caecina
7.8. L. Speribias 9.10. L. Hadenii 11.12. L. chilensis
13.14. Apodemia Mormo 15.16. Desmozona Henixanthe
17.18. Theope pieroides 19.20. Amarynthis Hypochalybe
21.22. Eumua Phryxe 23.24. Amblygonia Agathon
25.26. Messene semiradiata 27.28. Eriosoma leopardinum

1.2. Euploea Westwoodii *Feld.* 5. E. Horsfieldii *Feld.*
3.6. E. Ledereri *Feld.* 7. E. Hewitsonii *Feld.*

1. Euploea Hopfferi Feld. 2.3. E. assimilata Feld.
4. E. Frauenfeldii Feld. 5. E. Schlegelii Feld.
6. E. siamensis Feld. 7. E. Grotei Feld.

Tab. XIX.

1. Ithomia Bemixantbe Feld. 2. 3. Haulbyale Feld. 3. 4. Bireenna Feld.
5. Oleria leptalina Feld. 6. 7. Napeogenes Cranto Feld. 8. Hymenitis Libethris Feld.
9. Mechanitis Numerianus Feld. 10. Melinaea Idae Feld. 11. M. Messenina Feld.

1.2. Heliconius Lindigii Feld. 3.3. H. Cassandra Feld.
5. H. Dibaea Feld. 6. H. Acrotome Feld.
7. H. polychrous Feld. 8. H. Natterei Feld.

1.2. Cethosia Cydalima Feld. 3.4. C. Myrina Feld.
5.6. C. Mietneri Feld. 7.8. C. nikobarica Feld.

1, 2. Cimbochrisa Thule Felder. 3, 4. C. Semiramis Felder. 5, 6. C. Regina Felder. 7, 8. C. Orissa Felder. 9, 10. C. fasciata Felder.

1.2. Doleschallia australis 3.4. Eurbinia Megalonice 5.6. Eurema Atrojos
7.8. Cyrestis Paulinus 9.10. Laogona Nippalus

1, 2. Batesia Hypochlora Feld. 3, 4. Cyane Wepniseti Feld.
5. Myscelia cyaneeula Feld. 6, 7. M. Cyananthe Feld. 8, 9. M. leucocyana Feld.
10, 11. Perisama Guérini Feld. 12, 13. Catagramma Aegina Feld.

1. 2. Diadema Tydea
5. 6. D. Polymena   7. Euripus Clytia

1. Apatura Griseldis Feld. 2. A. Aeea Feld. 3. A. Rhea Feld.
4.5. A. Clotilda Feld. 6. A. Angelina Feld. 7. Heterochroa Malea Feld.
8.9. B. Olynthia Feld. 10.11. B. Justina Feld.

1. Adolias Asoka Felder. 2. 3. A. Panopus Felder.
4. 5. A. Minus Felder. 6. 7. Charaxes Cimon Felder.

1.2. Charaxes Brennus Feld. 3.4. Ch. Bausalii Feld.
5. Ch. Dalyous Feld. 6.7. Ch. Achaemenes Feld.

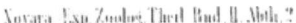

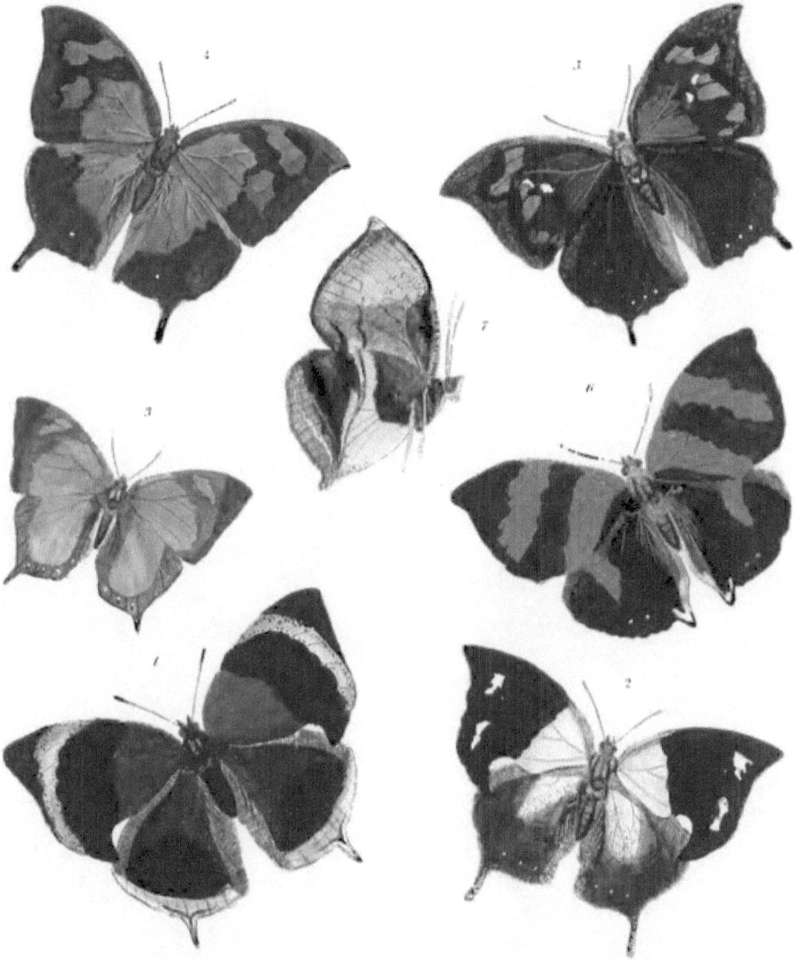

1. Nymphalis Chaeronea Felder. 2. N. Moeris Felder.
3. N. Pyrrhothea Felder. 4. N. Titan Felder.
5. N. Centaurus Felder. 6. 7. Siderone Thebais Felder.

del. April 1866
edit. Dec. 1866

1.2 Ergolis laciniata
3.4 E. obscura
5.6 Eurytela Castelnaui
7.8 Melanitis Egialina
9.10 M. Cumaea
11 M. Melias

1. Pavonia Telamonius Felder   2. Morpho Cybelus Felder

1.2. Antirrhaea Lindigii Feld. 3.4. A. Philopoemen Feld.
5.6. A. Bela Feld. 7. Taygetis Calliomma Feld.

Novara Exp. Zoolog. Theil. Bnd. II. Abth. 2.   Tab. LXVIII.

1, 2. Ptychandra Lorquinii Felder. 4, 5. Debis Warena Felder.
6, 7. Melanoga Mycalesis Felder. 8, 9. Mycalesis Ita Felder.
10, 11. Ypthima Batesii Felder. 12, 13. Acrophthalmia Chione Felder.

1. Lasiommata macroides Feld. 2.3. Parnassius Stoliczkanus Feld.
4.5. Chionobas nevadensis Feld. 6.7. Ch. pumilus Feld. 8.9. Satyrus Hübneri Feld.
10.11. S. Pimpla Feld. 12.13. Epinephele Roxane Feld. 14.15. E. Coenonympha Feld.
16. E. pulchella Feld. 17.18. Eumesia semiargentea Feld.

1. Tamyris Hygieia Feld. 2.3. T. Agathon Feld. 4. T. Antias Feld.
5,6. T. pardalina Feld. 7,8. T. strigifera Feld. 9. Oxynetra semihyalina Feld.
10. Netrocoryne repanda Feld. 11.12. Eudamus Harpagus Feld.
13,14. E. tamyroides Feld.

Tab. LXXI.

1. Eurypteryx Molucca Feld. 2. Zonilia malgassica Feld.
3. Ambulyx subocellata Feld. 4. Pergesa fusimacula Feld.
5. Chaerocampa hystrix Feld. 6. Daphnis angustans Feld. 7. D. protrudens Feld.
8. Philampelus dolichoides Feld.

1. Smerinthus amboinicus. 2. Sm. Heuglini. 3. Sphinx lanceolata.
4. S. analis. 5. S. sesquiplex.

1. Castnia rutila
2. C. Zagraea 3. C. tricolor 4. C. mimica 5. C. unifasciata
6. Synemon searia 7,8,8. partheuoides

1. Charagia Fischeri Feldev. 2. Tricladia umbrifera Feldev.
3. Pielus hydrographus Feldev.

1. Pielus maculosus
2. Charagia argyrographa
3. Eudoelita similis
4. Eudoxyla Augasii
5. R. strigillata
6. Pachyplebius thoracicus
7. Langsdorfia audensis

1. Pachypasa ferruginea Feld. 2. P. scapulosa Feld.
3. Ctenogyna natalensis Feld. 4. Thyella Zambesia Feld. 5. Bombrea Trimenii Feld.
6. Ormiscodes Pomona Feld. 7. Hyperchiria Titania Feld.

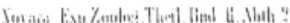

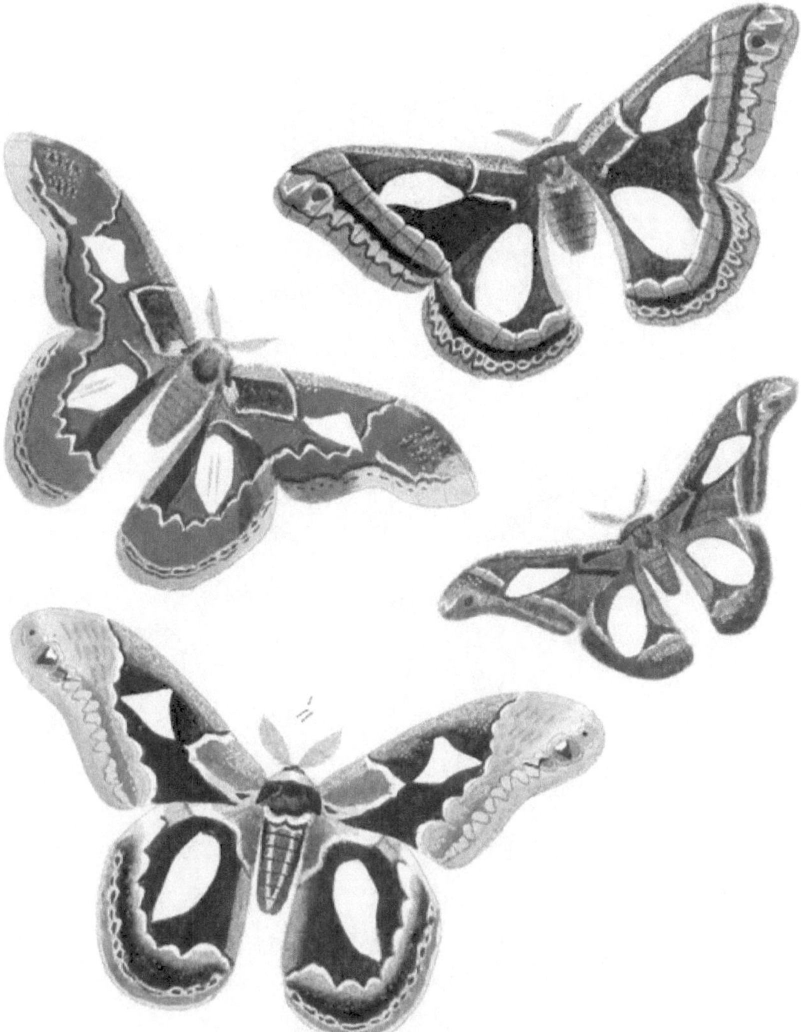

1 Attacus affinis Felder. 2 A. Satyrus Felder. 3 A. Zacateca Westw.

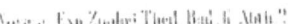

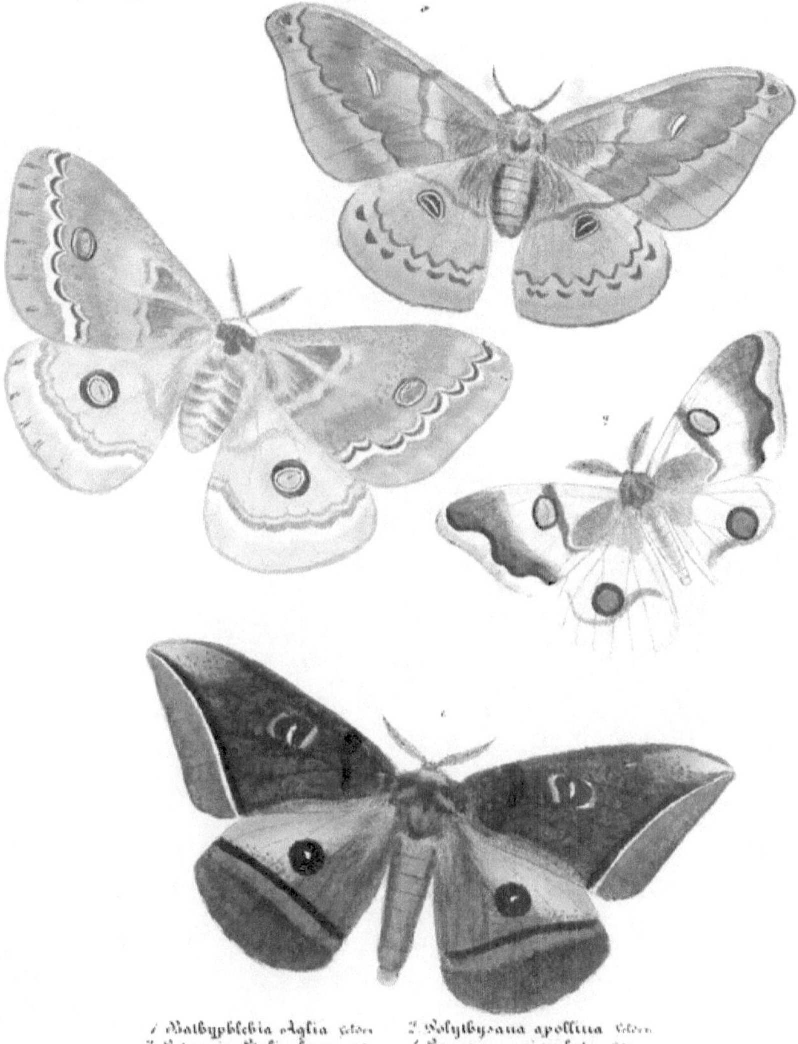

1. Bathyphlebia Aglia Felder. 2. Polythysana apollina Felder.
3. Saturnia Stoliczkana Felder. 4. Pagana semioculata Felder.

1. Actias Idae Felder. 2. Fagoropsis natalensis Felder.
3. Pirina cana Felder. 4. Holocera Smilax Westw.

1. Hyperchiria flexuosa
2. Hemileuca rubridorsa
3. Ormiscodes fumosa
4. O. epiolina
5. O. lasiocampina
6. O. fraterna
7. O. thliptophana

1. Hyperchiria caudatula Feld.
2. Aricia Batesii Feld. 3. A. Auster Feld.

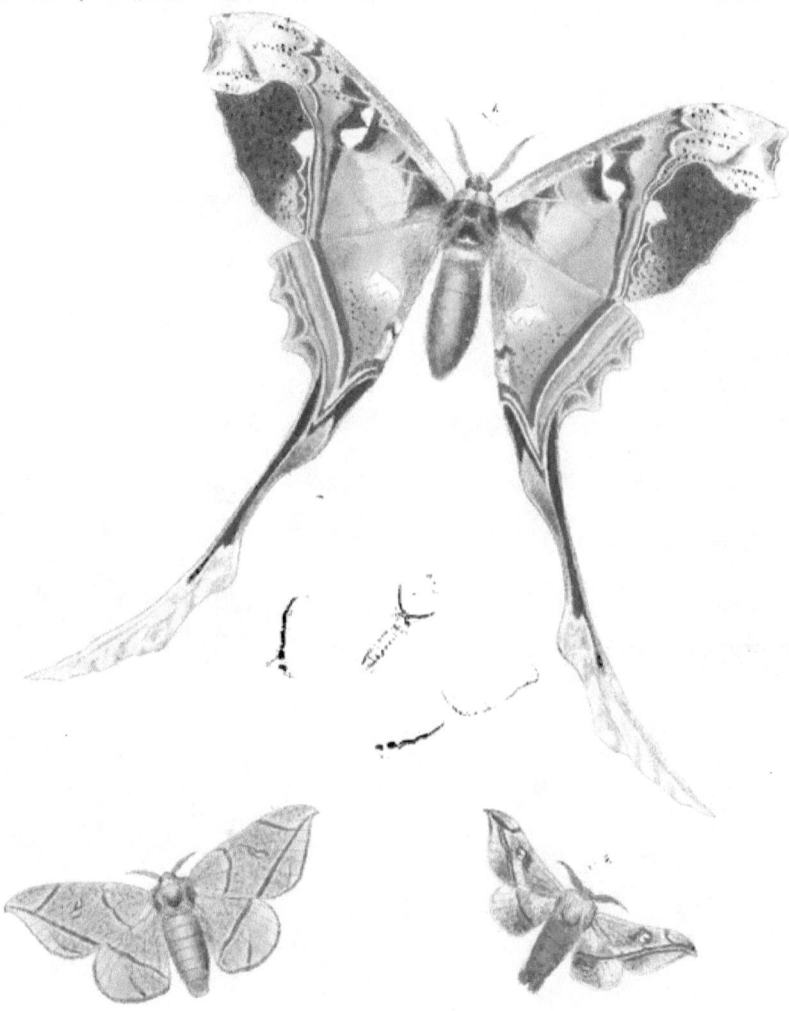

1. Ormiscodes trisignata Feld. 2. O. ramigera Feld.
3. Hyperchiria abdominalis Feld. 4. 5. Mabuaea Minisechii Feld. 6. Bombroea valida Feld.
7. Camptoloma erythropygum Feld.

Novara-Exp. Zoolog. Theil. Bnd. II. Abth. 2
Tab. C.

1. Monobrachmorpha nigra Felder. 2. Microegra ochrocephala. 3. Ornithopsyche Authora. 4. O. hypoxantha Walker.
5. Anomoeotes levis Feld. 6. Scarsoma asperum. 7. Micranuropis vitis. 8. Acronycta paragrapha.
9. A. libenosa. 10. A. canina. 11. Scotopoceune cerussata. 12. Bryophila leucomelira. 13. B. iridescens.
14. B. velutina. 15. Hallenomorpha liberoides. 16. Faotoma australe. 17. Callioratis abraxas.
18. C. Boisduvalii. 19. Zerenopsis leopardina. 20. Dipiychis geometrina. 21. Alca undiriga.
22. Macronyx debilis. 23. Xanthoryga rhodopicta. 24. Arctia parvula. 25. A. rhodaliza.
26. Psodrea eburneigutta. 27. Lomaspilis zantheraria.

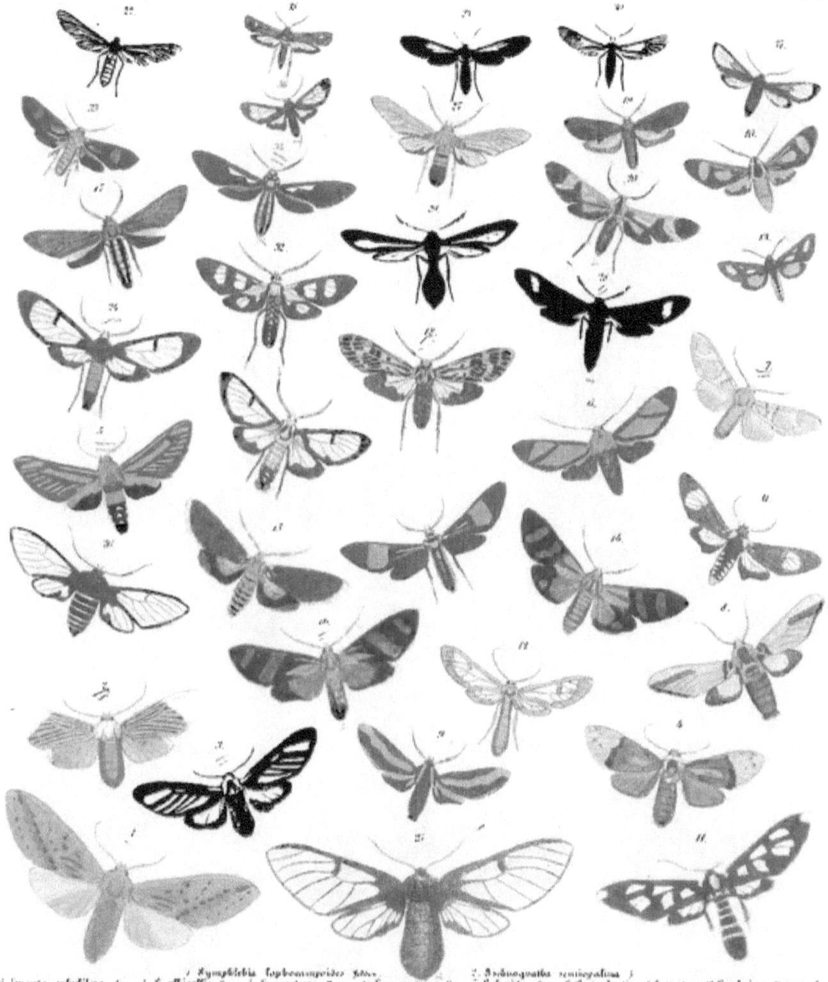

Erklärung der Tafel CVIII.

Noctuidæ.

1. *Ariola* (Walker list. lep. XI, p. 768) *Ransonneti* Felder & Rogh., ♂ Ceylon. (leg. B. d. Ransonnet, M. C. (Nietner).
2. *Particivasyncta albojaseiata* Felder ♂. (Sitzber. d. kais. Akad. d. Wissensch. zu Wien, Bd. 43, 1861 p. 43). Amboina (Doleschall).
3. *T. atrosignata* Felder ♂ l. c. Amboina (Doleschall).
4. *P. flavicapa* F. & R. Himalaya (Stoliczka).
5. *T. costipuncta* F. & R. ♂ Amboina (Doleschall).
6. *Erastria africana* F. & R. ♀ Natal. (Trimen).
7. *Acanthodiges Trimeni* F. & R. ♀. Caffraria fluv. Bashee. (Trimen).
8. *Thalpochares avocdeus*. F. & R. ' Java. (Doleschall).
9. *Th. spermus* F. & R. ♀. prom. b. spei (Trimen).
10. *Th.? grisoida* F. & R. ♂. prom. b. spei (Trimen).
11. *Th. adulens* F. & R. ♀. Java.
12. *Th. pomula* F. & R. ♂. Africa mer. (Trimen).
13. *Th. delicata* F. & R. ♂. prom. b. spei (Trimen).
14. *Th.? aquamiliana* F. & R. Africa mer.
15. *Th. accineta* F. & R. ♂ fluv. Amazonas (Bates).
16. *Th. Sabci* F. & R. ♂. prom. b. spei (Trimen).
17. *Th. socraria* F. & R. ' Africa. mer.
18. *Th. Novarae* F. & R. Rio Janeiro. M. C. (Frauenfeld).
19. *Th. ornatula* F. & R. ♂ Africa mer. Trimen.
20. *Earias plaga* F. & R. ♀ Africa, Knysna. (Trimen).
21. *Erastria hopatona* F. & R. ♂ Nova Granada: Bogota (Lindig).
22. *Cischardia? uccola* F. & R. prom. b. spei.
23. *Acontia Judo* F. & R. ♂ Bengalia.
24. *A. acolivs* F. & R. ' Africa mer. (Trimen).
25. *A. acccha* F. & R. ' Bengalia (Stoliczka).
26. *A. guttifera* F. & R. ♀. Natal. (Trimen).
27. *A. Scanda* F. & R. ♀. Bengalia. (Baro d. Hügel M. C.)
28. *A. Madanda* F. & R. ♀. Süd-Africa.
29. *A. Billincki* F. & R. ♂ Mexico, Cuernavaca.
30. *A. redita* F. & R. ♂ Patr.?
31. *A. coluata* F. & R. ♀ Africa m. Knysna (Trimen).
32. *A. Unio* F. & R. ♂ Natal. (Trimen).
33. *A. Knusnya* F. & R. ♀ Africa m. Knysna (Trimen).
34. *A. sabrigera* F. & R. ♂ Africa m., Murraysburg (Trimen).
35. *A. Urbani* F. & R. ♂ Natal: D' Urban (Trimen).
36. *Metaptria cluita* F. & R. ♂ promont. b. spei (Trimen).
37. *Erastria? lucio* F. & R. ♂ Natal: D' Urban.
38. *Ameta kulukensis* F. & R. ♀ Himalaya. (Stoliczka).
39. *Xanthodes adauco* F. & R. ♂ Patr.?
40. *Heliothis deticio* F. & R. ♂ Amboina, Bangkok, M. C. (Ransonnet).
41. *Heliothis conchula* F. & R. ' Texas.
42. *H. Accisius* F. & R. ♀ Patr?
43. *Agrotis? lophaco* F. & R. ♀ Himalaya: Rampur (Stoliczka).
44. *Caleasia? eircus* F. & R. ♂ Ins. philippine (M. C.).
45. *Thalpochares occaga* F. & R. ♂ Africa m.: Murraysburg (Trimen).
46. *Epineuxis abando* F. & R. ♀ Promont. b. spei.
47. *E.? aenigma* F. & R. ♂ Natal. (Trimen).
48. *Euphausia? clicns* F. & R. ♂ Patr.?
49. *Helicoheilus* (Grote. proc. ent. soc. Phil. IV. 1865, 328) *transitucus* F. & R. ♂ Himalaya: Urni (Stoliczka).
50. *Magna* (Walker list. spec. XI. (1857) p. 762) *dissidens*, F. & R. ♂ Bogota. (Lindig).
51. *M. acepida* F. & R. Bogota. (Bates).
52. *Cucullia consimilis* F. & R. ♀ Africa mer: Knysna (Trimen).
53. *C. terraria* F. & R. ♂ Africa m. (Trimen).
54. *C. pallidestris* F. & R. ' Africa m. (Trimen).
55. *Aspila trogosina* F. & R. ♀ Venezuela.

Erklärung der Tafel CIX.

Novara-Exp. Zoolog. Theil. Bd. II. Abth. 2.

Fig. 1. *Halesidotes leucaniae* Feld. & Rogh. ♀ Bogota. (Lindig.)
- 2. *Acronycta Hercules* F. & R. Japonia.
- 3. *Xanthia minor* F. & R. ♂ patria?
- 4. *Dryobota augusta* F. & R. Brasilia.
- 5. *Calpenia cirrus* F. & R. Venezuela. (Moritz.)
- 6. *Agrotis* (turno Ltr.) F. ƒ. *acetina* F. & R. ♂ Nova Selandia (Oxley).
- 7. *Hadena Abida* F. & R. Brasilia.
- 8. *Leucania cicatrix* F. & R. ♀ Venezuela (Moritz). Brasil. (Natt. M. C.) ♂ antennis pectinatis.
- 9. *Leucania Naresla* F. & R. ♂ Silhet. Dardjiling (M.C.)
- 10. *Amphitape* n. g. Palpi adscendentes, articulo primo longe nigro ciliato, tertio laevi, porrecto, apicem versus sensim clavato; oculi longe ciliati; tibiae posticae valde tumidae, supra dense floccosae. *A. crassitibia* F. & R. ♂ Nova Selandia (Oxley).
- 11. *Leucania Lindigi* F. & R. ♂ Bogota (Lindig).
- 12. L. " *Tangala* F. & R. ♂ Ceylon.
- 13. *Caradrina Hügeli* F. & R. ♀ Natalia. (M. F.) Bengalia (M. C.)
- 14. *Polyphaenis Fraunfeldi* F.&R. ♀ Rio Janeiro (M.C.) (palporum articulus ultimus multo longior et fere nudus, quam in P. herbaces Gue.)
- 15. *Dianthoecia arronara* F. & R. ♂ Promont. b. spei. (Trimen).
- 16. *Hadena Lucia* F. & R. ♂ Africa mer. Knysna (Trimen).

Fig.17. *Mamestra sphagnea* F. & R. ♀ Nova Selandia.
- 18. M. " *augusta* F. & R. ♀ ?
- 19. M. " *acceptrix* F. & R. ♀ Nova Selandia.
- 20. *Caradrina pallicornis* F. & R. ♂ Africa mer. Knysna (Trimen).
- 21. *Hadena Algoa* F. & R. ♂ Africa mer. Knysna (Trimen).
- 22. *Mamestra principennis* F. & R. ♂ Nova Selandia.
- 23. M. " *antipoda* F. & R. ♂ Nova Selandia.
- 24. M. " *Maori* F. & R. ♂ dto.
- 25. *Hadena adducta* F. & R. ♀ Venezuela (Moritz).
- 26. *Luperina Augasi* F. & R. Australia (Angas).
- 27. *Apamea concreus* F. & R. ♂ Natalia (Trimen).
- 28. *Dianthoecia botonga* F. & R. ♂ Africa mer. Knysna Trimen.
- 29. *Thalpochares striga* F. & R. ♂ Himalaya (Stoliczka).
- 30. *Mamestra L. c.* (Dargida Walker list. lep. ins. IX. p. 201, 1856) *crucifer* F.&R. ♀ Luzon (Semper). ♂ (M. C.)
- 31. *Hadena? leucosoma* F. & R. Natalia (Trimen).
- 32. *Mamestra Stoliczkae* F. & R. ♂ Himalaya (Stoliczka).
- 33. *Agrotis penicillum.* F. & R. ♂ Guatemala.
- 34. " *suffusa* Hb. (Idonea Crass 111. pl. 275) Bogota (Lindig).
- 35. *Calpenia Orza* F. & R. ♀ Venezuela (Moritz).

Erklärung der Tafel CX.

Novara-Exp. Zoolog. Theil. Bd. II. Abth. 2

Fig. 1. *Dyscorista indecora* Feld. & Rogh. Promont. b. spei (Trimen).
2. *Aedia Nafala* F. & R. Caffraria. Hum. Rascher.
3. *Hadena* Turma B. Taprobanae. F. & R. Ceylon.
4. " Turma C. Led. Miana Steph. adnecula F. & R. patria?
5. *Eupteria angens* F. & R. Africa mer. Knysna.
6. " *Sabbuka* F. & R.
7. " *rareda* F. & R. Venezuela (Moritz).
8. " *mancauta* F. & R. Natalia, D'Urban (Trimen).
9. *Hadena pallirena* F. & R. Venezuela (M. F. Brasil. (M. C.).
10. *Agrotis Baueri* F. & R. Australia. (omnes tibiae brunneis spinulis armatae).
11. *Agrotis nivalis* F. & R. Promontorium b. spei (Trimen).
12. *Agrotis ferina* F. & R. Africa merid.
13. " *xerophitis* F. & R. Australia.
14. *Eriopus Doleschallii* F. & R. Amboina. (Doleschall).
15. *Trigonophora Spegeri* F. & R. Africa m. Queenstown (Capt. Bulger).
16. *Agrotis? Scotti* F. & R. Australia.
17. *Agrotis decipiens* F. & R. Africa mer. Knysna.
18. *Mamestra* (E. e.) *Bulgeri* F. & R. Windvogelberg, Queenstown, Africa m. Capt. Bulger (antennis intus biseriatim ciliatis).

Fig. 19. *Penicillaria Natterei* F. & R. Brasilia.
20. *Agrotis* (E. b. 2.) *Nipona* F. & R. Japonia.
21. " *antipoda* F. & R. Australia.
22. *Leucania tacuna* F. & R. Caffraria. Hum. Rascher.
23. *Euchipia Gegeri* F. & R. Japonia.
24. *Plusia Kalituca* F. & R. Ceylon. (Nietner).
25. *Eriopus decussana* F. & R. Brasilia.
26. *Eriopus Wallacii* F. & R. Amboina (Doleschall).
27. *Plusia Wahlberg* F. & R. Natalia, D'Urban (Trimen).
28. *Plusiodes? rufipes* F. & R. Bogota Lindig.
29. *Euchipia Bowkeri* F. & R. Caffraria. Mad. Tsomo Bowker.
30. *Plusia exquisita* F. & R. Promont. b. spei. Wynberg (Trimen).
31. *Plusia asterisci* F. & R. Africa mer. Knysna (Trimen).
32. *Plusia agens* F. & R. Bengalia.
33. *Plusia Dorfmeisteri* F. & R. Africa mer. Knysna (Trimen).
34. *Plusia aldosa* F. & R. Africa mer. Knysna (Trimen).
35. *Plusia advesta* F. & R. Celebes (Lorquin).
36. *Calyptis Idmon* Cram. Uitland. Kap. IV. pag. 43, tab. 311. Fig. A. (no usquam citata figura, non Tab. 275. Guiana gall.
37. *Thyris fulgida* F. & R. Guiana gallica.
38. *Cosmia? sundana* F. & R. Amboina (Doleschall).

Erklärung der Tafel CXI.

Novara-Exp. Zoolog. Theil Bd. II. Abth. 2.

Fig. 1. *Palindia albata* Feld. & Rghf. ♂ fl. Amazonas (Bates).
- 2. *Palindia Corineta* F. & R. ♀ fl. Amazonas (Bates) Bras. (Natt. M. C.)
- 3. *Palindia guttata* F. & R. ♂ fl. Amazonas (Bates).
- 4. *Gonodonta dentata* F. & R. ♂ fl. Amazonas (Bates) (affinis G. incurva Sepp Surin. Vlind II. t. 89).
- 5. *Aballa* Rghf. n. g. antennae biseriatim brevibus setis in uniculque articulo instructae, intus ciliatae; palporum articulus terminalis longitudine praecedentis, apicem versus dilatatus, squamosus; pectus villosum; alarum anteriorum margo costalis usque ad cellulae finem replicatum, intus dense pellitus, margo interior prope basin fimbriam gerens; alarum posteriorum margo apicem versus emarginatus et supra longe albo-pilosus. *A. pellirosta* F. & R. ♂ Maranham, Bras. (M. F.) Ypanema (Natterer, M. C.).
- 6. *Plusiodonta nummaria* F. & R. ♀ Wynberg. Prom. b. spei.
- 7. *Oraesia nubilis* F. & R. ♂ fl. Amazonas (Bates).
- 8. *Plusteris? marginea* F. & R. ♀ Promont. b. spei (Trimen).
- 9. *Plusteris? leprosa* F. & R. ♀ Promont. b. spei (Trimen).
- 10. *Plusteris? scapularis* F. & R. ♀ Africa mer. Knysna (Trimen).
- 11. *Hyblaea tenebriosis* F. & R. ♂ Java (M. F.) Silhet (M. C.) [subtus sparsim sulphureo guttata].
- 12. *Hyblaea Amboinae* F. & R. ♀ Amboina (Doleschall) [pectus album, al. post. subtus, excepto nigro margine, albo-caerulescens].
- 13. *Gonodonta soror* Cram. ♀ (Cram. t. 276 B. ♂) Brasilia, Marabitanas (Natt. M. C.).
- Fig. 14. *Gonodonta fulvidens* F. & R. ♀ Bogota (Lindig) Guyana gall. (M. C.)
- 15. *Arcyophora Zanderi* F. & R. ♀ Abyssinia (Zander).
- 16. *Palindia testaceiceps* F. & R. ♂ America [subtus ochracea].
- 17. *Palindia fumata* F. & R. ♂ fl. Amazonas (Bates).
- 18. *erocoptera* F. & R. ♀ Guyana gall. [lineis plumbeis, non cyaneis].
- 19. *Amphipyra? cinctipes* F. & R. ♂ Australia.
- 20. *Canodia? Canosa* F. & R. ♀ fl. Amazonas (Bates).
- 21. *Dyops pupillata* F. & R. ♀ Surinamia. (= ? N. ocellata Cram. pl. 276 f. E non D).
- 22. *Homoptera acaudata* F. & R. ♂ Natal. D'Urban.
- 23. *Pondesma? subitiva* F. & R. ♀ Himalaja (Stoliczka).
- 24. *Euchipia praetexta* F. & R. Rambodde, Ceylon (Nietner).
- 25. *Pondesma Heveali* F. & R. ♂ Himalaja.
- 26. *semataraensis* F. & R. ♂ Africa. Capstadt (Trimen); Sennaar (Kotschy, M. C.).
- 27. *Pachachia? Australine* F. & R. ♀ Australia.
- 28. *Amphipyra? Leopoldei* F. & R. ♂ Amboinxaui Ceram (Comes de Castelnau), abdomen supra introrsum longe pilosum.
- 29. *Spintherops accipites* F. & R. ♀ Pangi (Stoliczka).
- 30. *Diatenes? Lawsoni* F. & R. ♀ Australia (Angas) [subtus discus albidus, lunulis mediis et linea arcuata late nigris].
- 31. *Polydesma anastomata* F. & R. ♂ Himalaja Stoliczka), Caschmir (Hügel, M. C.).
- 32. *Alauis meleagris* F. & R. ♂ Rambodde, Ceylon (Nietner).

Erklärung der Tafel CXII.

Novara-Exp. Zoolog. Theil, Band II, Abth. 2.

Fig. 1. *Phlegetonia? Bellona* Feld. & Roghf. ♂, Guyana gall.
- 2. *Trias tachypetes* F. & R. ♂, fl. Amazonas (Bates); subtus linea limbalis communis et lunula media al. ant. albae.
- 3. *Hypogramma Athene* F. & R. ♀ fl. Amazonas (Bates); subtus discus et limbus albido variegatus.
- 4. *Stictoptera alutacea* F. & R. ♂ Prom. b. spei. Murraysburg (Trimen).
- 5. *Anophia? Carone* F. & R. ♀ Guyana.
- 6. *Hypogramma hemiplagia* F. & R. ♂ Amer. mer.
- 7. *Caenipeta (Hüb.) Veronis* F. & R. ♀ fl. Amazonas; subtus magis unicolor quam Caenipeta Phasis Cram. 165.
- 8. **Dysedia** Roghf. (*Cocytodes deformitas*) n. g. Haustellum mediocre; palpi compressi, acuminati, dense pilosi, caput usque ad collare superantes; oculi nudi; tibiae et margo analis longe et dense pilosae; antennae breviter ciliatae.
  D. *sibellina* F. & R. ♂ Sarawak, Borneo.
- 9. *Anophia? fatilega* F. & R. ♀ Africa mer. Queenstown (Bulger).
- 10. *Achaea? dasynota* F. & R. Guyana gallica; pagina inferior squamis caerulescentibus mixta, praesertim basin versus intra lineam arcuatam serratam; (affinis Noct. novitae H. Schff. Samlg. aussere. Schmttg. II. 1. f. 560. 1869).

Fig. 11. *Lepidodes cornifrons* F. & R. ♂ Venezuela; frons aculeo corneo, supra canaliculato, longitudine palporum munita (de quo Guenée non mentionem facit).
- 12. *Hypogramma iochroma* F. & R. ♂ fl. Amazonas (Bates) Guyana gall. (M. C.)
- 13. *Hypogramma pectorosa* F. & R. ♂ Brasilia; — pectus album, palpi fusci, extus albo bilineati.
- 14. *Hypogramma choleric*a F. & R. Brasilia.
- 15. *Orthogonia sera* Felder ♀; Wien. ent. Monatschft. VI. 58. 1862 Ningpo.
- 16. *Panula insipida* F. & R. ♂ Cuernavaca, Mexico (Billimek).
- 17. *Amphipyra Sarnia* F. & R. ♀ Japonia; pagina inferior ut in Amphipyra pyramidea.
- 18. *Amphipyra chaleoptera* F. & R. ♀ Kanpur, Himalaja (Stoliczka).
- 19. *Relina bisinuata* F. & R. ♀ La Plata.
- 20. *Hyposola trypharnica* F. & R. Moretonbay, Australia.
- 21. *Sercades? xanthorrhora* F. & R. ♂ Australia (Angas).
- 22. *Catocala Actaea* F. & R. ♀ Japonia.
- 23. *Catocala Patala* F. & R. ♂ India sept.

Erklärung der Tafel CXIII.

Novara-Exp. Zoolog. Theil. Band II. Abth. 2.

Fig. 1. *Anisoneura sphingoides* Felder ♂. Sitzungsber. d. k. Akad. d. Wisschft. zu Wien Bd. 43 p. 42, 1861; Amboina (Doleschall).

— 2. *Arete scaira* Feld. in tabula ♀ = Cocytodes modesta van d. Hoeven (inamodesta Guenée VII. 42) Tijdschft v. natur. gesch. VII. 1840 pl. 7 f. 8 var. obscurior, alae inferiores supra solummodo uniseriatim caerulescente guttatae. Silhet.

— 3. *Ophideres Archon* Feld. ♀ Siam.

— 4. *Potamophora albata* Felder ♂. l. c. Amboina (Doleschall).

— 5. *Agonista* n. g. Roghf. (ἀγωνιστης certator) [Lignyodes (Guô) in tabula, recte Lygniodes, genus curculionidum Schoenherri 1836] ochrifera Feld. ♂. ins. molluc. (Lorquin). subtus griseo-fusca, ventre, pedibus et angulo anali pallide ochraceis in cellula 7 al. anter. (subradiali) guttam albidam gerens.

Fig. 6. — — ejusdem ♀, subtus mari similis, in alis anterioribus series guttarum 8 albidarum versus limbum ornata.

— 7. *Spiredonia conspicua* Feld. ♂. subtus area limbali seriatim albonotata; affinis Sp. Zamidi Stoll 36 f. 11. — ins. andamanens.

— 8. *Spirama lurida* Feld. ♀. Natalia D'Urban (Trimen.) aff. Sp. pyralae Hopffer in Peters Reise n. Mozamb. p. 435.

— 9. *Crenuodes* (=? Naharra Walker. list lep. Ins. 1865 XXXIII p. 946) *femur* Feld. ♂. ins. molluc. (Lorquin), tibiae longe villosae, tarsi posternal albocincti, bilateraliter fimbriati.

Erklärung der Tafel CXIV.

Novara-Exp. Zoolog. Theil, Band II, Abth. 2.

Fig. 1. *Renjus festanata* Feld. & Roghf. ♂, Mexico (Bilimek).

2. *Syrnia ancalis* F. & R. ♀ fl. Amazonas (Bates), subtus lineis distinctioribus acutilobis et limbali communi albido notata.

3. *Prosina? Thalia* F. & R. ♀ fl. Amazonas (Bates).

4. *Remigia? crinipes* F. & R. ♂, Celebes.

5. *Ramphia albizona* Latrl. (in Humb. rec. d'observ. pl. XLIII f. 5. 6.; Gué Var. A. VII, 143.) ♀ Demerara.

6. *Tarpia?* (Moore proc. zool. soc. 1867 p. 71) *Martina* F. & R. ♀ Sumatra; subtus nigrofusca, vittis duabus pallidis.

Fig. 7. *Graphigona* Walker list lep. ins. XIII, 1230. 1857 = Ophideres sect. VI. Gue VII., 118) *roseifer* F. & R. ♂ fl. Amazonas (Bates), alae anticae subtus in area limbali plagam albam rotundam ferentes, albidoque sparsae.

8. *Letis melba* F. & R. ♂ fl. Amazonas (Bates).

9. *Stentornis* F. & R. ♂ Demerara, Maranham.

10. *apulicans* F. & R. ♂ fl. Amazonas (Bates).

11. F. & R. ♀ Demerara.

Erklärung der Tafel CXV.

Novara-Exp. Zoolog. Theil, Band II, Abth. 2.

Fig. 1. *Grammodes taedia* Feld. & Roghfr. ♀ Africa mer.; Knysna (Trimen).

" 2. *Pseudophia Welwitschi* F. & R. ♀ Africa mer. Knysna.

" 3. *Entomogramma* (sect. II. Guc.) *squamicornis* F. & R. ♂, affinis torsae Guc. sed minor, subtus area limbali fusca. Java.

" 4. *Entomogramma Vanua* F. & R. ♂ insulae vitianae; subtus accedens F. parlo. Guc. tab. 21 F 3.

" 5. *Entomogramma funetrix* Guc. VII 204. ♂ Java (M. F.), Silhet (M. C.).

" 6. *Entomogramma panthera* F. & R. ♀ Natalia, d'Urban; gracilior et subtus alae, pedes et venter magis laete ochracei, quam Entomogramma pardus (sect. III).

" 7. *Mocis pertusa* F. & R. ♀ Bogota (Lindig) affinis Mocidi Alvinae Guc. VII. 310 et forsan varietas localis eae, quae etiam fere congruit cum N. Levina Cram. 316 D; a Walkero in List. lep. ins. XIII & XIV p. 1080 & 1490 sub diversis generibus bis citata.

Fig. 8. *Halodes? falcata* F. & R. ♂ Celebes; subtus pallidior.

" 9. *Spirama rubeta* F. & R. ♀ ins. molluccenses (Lorquin) subtus pallidior quam Spirama triloba Guc. (♀ = Hypopyra mollis Guc.)

" 10. *Hypopyra dulcina* F. & R. ♂ Japonia; subtus affinis Hypopyra Shivae Guc. sed obscurior. (syn. gen. Maxula Walk. list. XIV. 1327).

" 11. *Hypopyra grandaeva* F. & R. ♀ Malacca; subtus ut Hypopyra fenisca Guc.

" 12. *Hypopyra Pandia* F. & R. ♀ India; pagina inferior pallidior quam in Hypopyra Shiva Guc.

" 13. *Ophiusa* (Hüb. = *Torocampa* Guc.) *Andersoni* F. & R. ♀ Africa m. Knysna (Trimen), subtus lusoriae affinis, alae infer. magis fusco conspersaci.

" 14. *Argira urcina* F. & R. ♂ ins. moluce. (Lorquin).

Erklärung der Tafel CXVI.

Novara Exp. Zoolog. Theil, Band II, Abth 2

Fig. 1. *Phoberia? fatua* Feld. & Rogh. ♀ Africa merid.
" 2. *Phoberia* (Hüb. 1816 = Pseudophia Gue. 1852) *caturda* F. & R. ♀. Africa mer. Windvogelberg, Queenstown (Bulger); subtus albido-grisea, striga mediana al. anter. et limbo communi nigrescente.
" 3. *Phoberia Korana* F. & R. ♂. Promont. b. spei, valde affinis Serrodes Inarue Cram. 239 E, Guc., quae certe ad genus Phoberia pertinet.
" 4. *Mania? Cladonia* F. & R. ♀. Guyana gallica; subtus fuliginosa, albo ciliata.
" 5. *Ophisma sumatrana* F. & R. ♂. Sumatra; basi al. post. subtus albida, pedes antici fuliginoso villosi.
" 6. *Ophisma limbata*. F. & R. ♂. Natalia (subtus O. gmyatae Gue. affinis).
" 7. *Leucanitis Schraderi* F. & R. Australia; propinqua P. frontino Donovan Epit. ins. of Asia (tab. 32 f.**, quae species a Walkero list. lep. ins. I. (1854) p. 41 vix recte ad Agaristas locatur.
" 8. *Lagoptera miniacea*. F. & R. ♂. insulae vitianae.
" 9. *Melipotis* (Hüb. Achaea Gue.) *ambidens* F. & R. ♂. Bengalia; affinis, praecipue subtus, N. Cyllarinae Cram. 234 C. D. sed minor et gracilior.

Fig. 10. *Melipotis Gaudiani* F. & R. ♂. Amboina (Doleschall) subtus praecedenti accedens.
" 11. *Ophisma* (Platyja Hüb. p.) *anetica* F. & R. ♀. insulae vitianae; affinis, praesertim subtus N. peropacae Hüb. Zutr. 341 (= O. laetabilis Gue. VII. 241).
" 12. *Ophisma basignatta*. F. & R. ♀. Guyana gallica.
" 13. *Achaea? Leuwa* F. & R. ♀. Siera Leona (Asselins) affinis Oph. Dejeani Boisd. Faun. ent. d. Madag. pl. 15. f. 4.
" 14. *Ophisma tropicalis* Gue. ♂. Bagota (Lindig). — ♀. Nov. Friburg. Bras. (M. C.)
" 15. *Ophisma muchiliosa* F. & R. ♂. fl. Amazonas (Bates); forsan var. praecedentis valde aberrantis speciei; specimen ♀ cubanum Mus. caes. transitum exhibit.
" 16. *Achaea mania* F. & R. ♂. Natalia, subtus persimilis Man. maurae L. (M. C.)
" 17. *Achaea Raduma* F. & R. ♀. Madagascar; subtus unicolor, quasi Ophisma praestans Gue. (pl. 22 f. 2.) et differt ant ochraceo.

Erklärung der Tafel CXVII.

Fig. 1. *Orthogramma? rufitibia* Feld. & Rogh. ♂ fl. Amazonas (Bates).
" 2. *Thermesia? fenestrina* F. & R. ♂. Celebes (Lorquin). affinis N. myrtaeae Drury II pl. 4. f. 2.
" 3. *Euclidia? Pohli* F. & R. ♂. fl. Amazonas (Bates).
" 4. *Azazia?* (Walk. XV., 1576) *navigatorum* F. & R. ♀. insulae vitianae.
" 5. *Remigia Hansali* F. & R. ♀. Afr. Boges (Hansal).
" 6. *Phurys prolixa* F. & R. ♂. fl. Amazonas (Bates); affinis Nyunbidi iniquae Gué. VII. 321, genus concidens cum Phuryde.
" 7. *Euclidia tephrina* F. & R. ♂. Demerara (M. F.) Brasil. Rio (M. C. Schott, Kamerlacher) femina paulo lurido decusior, cum striga obliqua multo pallidiore, interdum vix visibile.
" 8. *Heteropygus Ligia* F. & R. ♂. fl. Amazonas (Bates), subtus albescens, costa nigricante.
" 9. *Drasteria Parova* F. & R. ♀. Silhet (M. F.) ♂. Daarjeeling (M. C.) affinis Ophiusae Bicolor Kollar in Hügel Kaschmir IV. 477, huic generi pertinens.
" 10. *Euclidia aquamarina* F. & R. ♂. California (M. C.).
" 11. *Euclidia cunica* F. & R. ♂. Chile.
" 12. *Remigia alipes* F. & R. ♂. Guatemala.
" 13. *Chalciope* (Hüb. = Trigonodes Gué.) *Maturu* F. & R. ♀. Natalia, d Urban (Trusen).
" 14. *Heteropygus vicinus* F. & R. ♂., subtus fuscescens, alae anteriores inter limbum et lunulam mediam plagam subrotundam pallidam gerentes. fl. Amazonas (Bates M. F.) Ypanema, Bras. (Natterer M. C.).

" 15. *Phurys coactilis* F. & R. ♂. valde affinis Nyunbidi textili Gué. Tab. 23, F. 7, sed subtus minus pilosa et supra violascens. Guyana gallica.
" 16. *Fodina sarmentosa* F. & R. ♂. Australia.
" 17. *Calesia Patou* F. & R. ♀. Bengalia (Stoliczka) aff. C. haemorrhoae Gué.
" 18. *Calesia stillifera* F. R. ♀. subtus venter et alae unicoloriter fumatae, palporum articulus ultimus ater, primus et secundus pedesque, exceptis tibiis, luridi, ♂. (M. C.; B. d. Hügel) Manila.
" 19. *Calesia pellio* F. & R. ♂. Amboina (Doleschall, M. C.) segmenti ultimi superficies tritubereulatam nigram nitidam protuberantiam gerens.
" 20. *Dyopsis* (Clemens proc. acad. n. sc. Philad. 1860, 549 = Varnia Walk. p. 1861) *thyridina* F. & R. ♀. Guyana gall. (M. C.) accedens Phalaenae speculiferae Sepp surin. Vlind. III, pl. 135; nusquam memorata figura.
" 21. *Athyrma tuberosa* F. & R. ♂. fl. Amazonas (Bates).
" 22. *Spintheropa? undulata* F. & R. ♀. Java.
" 23. *Felisia? adspersa* F. & R. ♀. Celebes (Lorquin).
" 24. *Chalciope deltifera* F. & R. ♂. Afr. Boges (Hansal).
" 25. *Elpis?* (Walk. XXXIII. p. 983) *replicata* F. & R. ♂. margo interior dimidius al. post. bullatim replicatus; Guyana gallica.
" 26. *Ophiusa? sculpta* F. & R. ♂. Guyana gallica.
" 27. *Prionoptera? amplificata* F. & R. ♀. fl. Amazonas (Bates).

Erklärung der Tafel CXVIII.

Novara-Exp. Zoolog. Theil, Band II. Abth. 2.

Fig. 1. *Selenis compacta* Feld. & Roghf. ♀. fl. Amazonas (Bates).
2. *Selenis sanguinea* F. & R. ♀. Brasilia.
3. " *ligvaria* F. & R. ♀. Brasilia.
4. " *grisa* F. & R. ♂. fl. Amazonas (Bates).
5. *Areta? caudalis* F. & R. ♂. Bogota Lindig.
6. *Thermesia? adelpha* F. & R. ♀. La Plata.
7. " *icteroides* F. & R. ♀. fl. Amazonas Bates, affinis Th. guttulari Walk. list. of lep. ins. XXXIII. 1049.
8. *Amphigonia? impia* F. & R. ♂. Guyana gallica.
9. *Selenis gallinago* F. & R. ♀. fl. Amazonas Bates.
10. " *stigma* F. & R. ♀. Bogota Lindig.
11. *Sympis? disvipuncta* F. & R. —. Amboina (Doleschall) affinis N. Cocala Cramer 275. D. figura ne usquam mentionata.
12. *Thermesia octophora* F. & R. ♀. fl. Amazonas (Bates).
13. *Thermesia sculena* F. & R. ♀. fl. Amazonas Bates.
14. *Capnodes achieulata* F. & R. ♂. fl. Amazonas Bates, Surinam M. C.
15. *Capnodes binota* F. & R. ♀. Brasilia.
16. *Apistis (Hbb. p. p. Argidia Guer.) murana* F. & R. ♂. Bogota Lindig; tibiae posticae dense floccosae.

Fig. 17. *Thermesia? infumata* F. & R. ♂. Guyana gallica; subtus lunulae mediae, linea arcuata communis et series punctorum limbalium albidae.
18. *Focilla intacta* F. & R. ♀. fl. Amazonas (Bates).
19. *Areta hypopyrina* F. & R. ♂. Guyana gallica.
20. " *leucoma* F. & R. ♂. fl. Amazonas (Bates).
21. *Focilla fulira* F. & R. ♂.
22. " *facunda* F. & R. ♀. —. (M. F.) Guyana gallica (M. C.).
23. *Focilla bendina* F. & R. ♂. fl. Amazonas (Bates).
24. " *epulea* Herr. Schaeff. Sammlg. n. aussereur. Schmettlg. I. Taf. 69 f. 392 (1855) fl. Amazonas Bates; minor, obscurior et magis variegata, quam specimina Brasiliae (M. C.).
25. *Amphigonia? erythropus* F. & R. ♂. Bogota Lindig. ♀ Ypanema, Bras. (Natterer, M. C.) subtus cinnabarina.
26. *Amphigonia? lociniata* F. & R. ♀. Venezuela (M. F.) Brasilia. San Paulo (Natterer, M. C.).
27. *Argidia Aganippe* F. & R. ♀. fl. Amazonas Bates; subtus ochracea, linea media arcuata nigra, extus rosaeo tincta.
28. *Argidia subrubra* F. & R. ♂. fl. Amazonas (Bates).
29. *Wedelina Cram.* ♀ quild. Kup. IV. pl. 397 f. M. ♂. Bogota.
30. *Thermesia? liturina* F. & R. ♀. fl. Amazonas (Bates).

Erklärung der Tafel CXIX.

Novara-Exp. Zoolog. Theil, Band II, Abth. 2.

Fig. 1. *Azeta? pectinax* Feld. & Roghf. ♂. Guyana gallica.
 „ 2. „ „ Feld. & Roghf. Guyana gallica ♀.* (M. C.).
 „ 3. *Cecuetena* (Guenée spec. gen. Noct. I. p. 9) *pictipennis* F. & R. ♂. Guyana gallica; affinis P. Amyntae Cramer IV. pl. 306 f. C., margo anterior alarum anter. dimidiatim replicatus, mediana extrorsum et margo al. posteriorum dense pilosi, tibiae anticae paucis villosae.
 „ 4. *Achantodes?* (H. Sch. non Guer.) *Mura* F. & R. ♂. Africa mer. Knysna; accedens A. semirosear H. Sch. Sammlg. auss. — eur. Schmetti. LXXIX f. 454.
 „ 5. *Brotis?* (Hüb. Verz. 305) *stenogaster* F. & R. ♂. Guyana gallica.
 „ 6. *Capnodes C album* F. & R. ♂. fl. Amazonas (Bates).
 „ 7. *Azeta? mimica* F. & R. ♂. Maranham.
 „ 8. *Capnodes tortor* F. & R. ♀. Brasilia (M. F.) ♂ (Natterer, M. C.).
 „ 9. *Capnodes subguttata* F. & R. Guyana gallica.
 „ 10. *Capnodes uncinata* F. & R. ♀ Brasilia.
 „ 11. & 11 a) *Remodes? nivaria* F. & R. ♂. Amer ?
 „ 12. *Capnodes liaens* F. & R. ♀. Brasilia.
 „ 13. *Thyridodes? sublimpida* F. & R. ♂. fl. Amazonas (Bates).
 „ 14. *Capnodes incarnans* F. & R. ♂. fl. Amazonas (Bates), subtus pallide ochracea.
 „ 15. *Capnodes rubecula* F. & R. ♂. fl. Amazonas (Bates). Specimina Guyanae gallicae (M. C.) magis hepaticolores.
 „ 16. *Remdis irregularis* Hüb. (Eur. 361) ♀. (avolata) fl. Amazonas (Bates), minor quam specimina typica Brasiliae (M. C.).

Fig. 17. *Chaduca?* (Walk. list. lep. ins. XV. p. 1640) *renicula* F. & R. ♀. fl. Amazonas (Bates,); subtus al. ant. fuscescentes; accedens N. atrosignatas (Walk.) Herr. Schaeff. Smlg. n. auss. — eur. Schmettlg. II. 1 f. 562.
 „ 18. *Thima? filamentosa* F. & R. ♀. fl. Amazonas (Bates).
 „ 19. *Remodes? hircinus* F. & R. ♂. Amazonas (Bates).
 „ 20. *Diastema? multigutta* F. & R. ♂. Amazonas (Bates).
 „ 21. **Catamelas** Rghf. n. g., exceptis alis post. ampliusculis g. Nymbidi Guer. aliquid accedens; gracilior, antennae biseriatim ciliatae, oculi nudi, marmorati; proboscis mediocris, tibiae anteriores dense pilosae; subtus fuliginosa.
 C. *Carípina* F. & R. ♂. fl. Amazonas (Bates). (Ph. brunnea Crameri III. fig. G. tab. 287. similitudinem exhibet).
 „ 22. *Euelgatis* (Hüb. p. = Macrodes Guer. gen. Coleopt. 1833) *myodes* F. & R. ♂. fl. Amazonas (Bates). Brasilia (M. C.).
 „ 23. *Remodes? hamata* F. & R. ♀. Japonia (specimen valde defectum).
 „ 24. *Plaxia amita* F. & R. ♀. fl. Amazonas (Bates). Brasilia. San Paulo (Natterer, M. C.).
 „ 25. *Gracilodes? anaponda* F. & R. ♀. Natalia, D'Urban (Trimen).
 „ 26. *Capnodes Rica* F. & R. ♂. Venezuela (Moritz).
 „ 27. *Zethes Alfura* F. & R. ♂. Celebes (Lorquin).
 „ 28. *Songs? jacann* F. & R. ♂. Java.
 „ 29 & 29 a. *Gracilodes? fumipennis* F. & R. ♂. Natalia, D'Urban (Trimen).
 „ 30. *Hypenaria ampelina* F. & R. ♀. Brasilia.
 „ 31. *Hypenaria mucescens* F. & R. ♀. fl. Amazonas (Bates).

Erklärung der Tafel CXX.

Novara Exp. Zoolog. Theil. Band II Abth. 2.

Fig. 1. *Echana?* (Wlk.) *Trumenti* Feld. & Roghfr. ♂. Ceylon; subtus affinis Ep. calvariae Fb.
- 2. *Rivula? palliceps* F. & R. ♀. fl. Amazonas Bates ; palpi carent.
- 3. *Megatomis* (Hb. Verz. 342) *remoteurs* F. & R. ♂. fl. Amazonas (Bates).
- 4. *Psephis? Avga* F. & R. ♂. fl. Amazonas (Bates).
- 5. *Antiblemma? Gutetu* F. & R. ♀. Natalia Trimen.
- 6. *Erastria? Nyanza* F. & R. ♂. Africa mer. Knysna (Trimen).
- 7. *Physula?* (H. Sch. Correspdblt. 1870) *Patindia* F. & R. ♂. fl. Amazonas (Bates).
- 8. *Hypena? perva* F. & R. ♀. Bengalia (Stoliczka); palpi carent.
- 9. *Ommides? tortula* F. & R. ♂. Guyana gallica; aliquid accedens N. abydas H. Sch. Sammlg. auss. europ. Schmtlg. II. F. 565.
- 10. *Ariala? bryophilina* F. & R. ♂. Ceylon.
- 11. *Mastiguphora Marima* F. & R. ♂. fl. Amazonas (Bates).
- 12. *Megatomis? Saputa* F. & R. ♀. Guyana gallica.
- 13. *Heterogramma? appenus* F. & R. ♀. patr.?
- 14. *Cucographis astrolatis* Lederer ♂ Wien. Entom. Monatschr. VII, 360. Bogota (Lindig).
- 15. *Cyclopteryx? macrops* F. & R. ♀. fl. Amazonas (Bates).
- 16. *Paugrapta* Hb. Verz. 343 (Platydia Guo.) *Thetys* F. & R. ♂. fl. Amazonas (Bates).
- 17. *Colobochila? Elierina* F. & R. ♀. fl. Amazonas (Bates).
- 18. *Bocana?* (Walker list lep. ins. XVI, 170) *Achine* F. & R. ♂. Ceylon. (Nietner). ♀ discus al. ant. magis nigrius (M. C.)
- 19. *Hypena beatalis* F. & R. ♂. Africa meridionalis.
- 20. *Colobochila? persuasilis* F. & R. ♀. Insulae vitianae (M. F.); Nova Hollandia (Hügel, M. C.).
- 21. *Rejectaria gabealis* F. & R. ♂. fl. Amazonas (Bates.)
- 22. *Blemmatia?* H. Sch. Schmett. d. ins. Cuba, Regensb. Corresp. Bl. 1870 (37. Seq.), alliquid accedens g. Tainpse Moore proced. zool. soc. London 1867, p. 82) *gallinatis* Moritz i. l. F. & R. ♂. Venezuela; feminae palpi tolummodo porrecti, Hypenae instar (M. C.)
- 23. *Paugrapta? pensilis* F. & R. ♂. Japonia.
- 24. *Oxyderris* (Hüb. Verz. 340) (Plaxia Guo.) *acripennis* F. & R. fl. Amazonas (Bates.

Fig. 25. *Gracilodes Luciana* F. & R. ♀. Bengalia (Stoliczka), Silhet (M. C.). ♂.
- 26. *Gonioptergx? Murada* F. & R. ♀. fl. Amazonas Bates.
- 27. *Zanclognathus* (Aethia Hb. p.) *Mindura* F. & R. ♂. Borneo, Sarawak (Wallace).
- 28. *Zanclognathus? Denisi* F. & R. ♂. Guyana.
- 29. *Hypena colobalis* F. &. R. ♂. Amboina (Holdeschall; margo anterior al. post. foveolatus et villosus.
- 30. *Hydrillodes? tomienla* F. & R. ♂. fl. Amazonas (Bates).
- 31. *Megatomis* Hb. (Homogramma Guo.) *Mikoni* F. & R. ♂. fl. Amazonas (Bates).
- 32. *Hypena aclerialis* F. & R. ♂. fl. Amazonas Bates.
- 33. *Bertula?* (Wlk. list lep. ins. XVI, 163) *monstrosalis* F. & R. ♂. Venezuela (Moritz); simplices palpi feminae accedunt: gen. Zanclognathae (M. C.).
- 34. *Blemmatia? Curapo* F. & R. ♂. fl. Amazonas (Bates).
- 35. *Sempifera* (H. Schff. Regensb. Corrspdblatt 1870 p. 38 & 44. Sep.) *longipalpis* (Moritz i. l.) F. & R. ♂. Venezuela (Moritz) ♀ Brasilia. Marabitanus (Natterer) Nov. Friburg; palpi feminae obscurioris ut in Bertula monstrosali.
- 36. *Hypena* (? Corynitis Hüb. Geyer Zutrg. F. 707 – 8) *plumulina* (Moritz i. l.) F. & R. ♂. Venezuela (Moritz).
- 37. *Episcurix? cruciatis* F. & R. ♂. Java; alae post. inter venam 6 & 7 Rupidam desquammatam foveolam gerentes, subtus E. Calvariae affinis.
- 38. *Bessunia?* (Gr. R. Led.) *Kerrina* F. & R. ♂. Natalia, d'Urban (Trimen).
- 39. *Hypena lineata* F. & R. ♀. Malacca.
- 40. *Focilla Sita* F. & R. ♀. Celebes (Lorquin).
- 41. *Episparis* (Walk.) *Moore* proc. zool. soc. 1867, 81) *Darnilius* F. & R. ♀. Bengalia.
- 42. *Catada?* Walk. list lep. ins. XVI p. 209) *cyops* F. & R. ♀ Ceylon (Nietner); Himalaya. Massuri Hügel, M. C.).
- 43. *Simplicia* (fige. tom. his levr.) *tibialis* F. & R. ♀. Brasilia, tibiae anticae pallide testaceae.
- 44. *Metxis* (Hb.) *platypoda* F. & R. ♀. Amboina (Hdeschall).
- 45. *Simplicia? infausta* F. & R. ♂. Sarawak. Borneo.
- 46. *Capnodes Cudina* F. & R. ♀. Guyana gallica (M. P.); Brasilia (M. C. Kauerlaeber).
- 47. *Marmorinia? Nuew* F. & R. ♀. Amboina (Hdeschall.).

Erklärung der Tafel CXXI.

Novara-Exp. Zoolog. Theil, Band II. Abth. 2.

Uranidae.

Fig. 1. *Alcidis Arnus* Felder ♀ Insula Aru? (Lorquin); subtus affinis A. Cydno L., magis aquamarinus fasciae angustiores et cuspidatae, corpore minus ochreato.

„ 2. *Alcidis Liris* Felder. Wiener entom. Monatschrift IV. Bd. 1860, p. 250 ♂ Ins. Batschian (Wallace).

3. *Larunda* (Hüb. 1816. p. 289; Coronis in tab., nomen ter lectum et Larunda Leach Crustaceorum genus, solummodo synonymum Cyanis). *Rosina* Felder, Bogota (Lindig).

4. *Larunda Rosina* pagina inferior.

Fig. 5. *Sematura Actaeon* Feld. in tabula, ♀; pro Sematura (Dalman 1824) nomen Mania (Hüb. Verz. 1816, 290) locum habebit et Mania (Treitschke 1824) cedit generi Mormo Hüb. l. c. 275 Actaeon Feld. — Lunus Clerk; Venezuela?

„ 6. *Cydimon* in tab. (Urania Fab. 1808) *Poeyi* Herrich-Schaeffer Correspondenzblatt d. zoolog. mineralog. Vereines zu Regensburg XX 1866 (p. 43 sep.) ♀ Cuba (Gundlach).

„ 7. *idem* ♂ pagina inferior.

Erklärung der Tafel CXXII.

Novara-Exp. Zoolog. Theil, Band II. Abth. 2.

Geometridae.

Fig. 1. *Cinerodes bifilaria* Feld. & Rogh. ♂. Pelas, Peru.
„ 2. *Urapteryx luteiceps* Feld. & Rogh. Japonia.
„ 3. *Urapteryx Kusalabria* F. & R. ♂. Himalaja, Rogh. Darjeeling (M. C.)
„ 4. *Cotoloit* (Hb., Crocallis Tr.) *apucaria* F. & R. ♂. Bogota (Lindig).
„ 5. *Tetracis aegrotata* Guenée? (spec. gen. IX p. 141) v. *polyphagaria* ♂. (Moritz i. L.) F. & R. Brasil. (M. C.) Columbia, Bogota (Lindig); femina major, obscurior, subtus albida. —
„ 6. *Gonodontis? semilot-aria* F. & R. ♀. Bogota (Lindig); alae ant. subtus limbum versus luteo plagiatae.
„ 7. *Urapteryx quadrifilata* F. & R. ♂. Brasilia.
„ 8. *Nandrames?* (Moore, proc. zool. soc. London. 1867 p. 634) *subflavata* F. & R. ♂. Java.
„ 9. *Ozydia clavata* (Mor. i. L.) F. & R. (List. lep. ins. brit. Mus. XXVI. p. 1481) ♂. Venezuela (Moritz).
„ 9. a. *Ozydia clavata* ♀. pagina inferior. (M. C.)

Fig. 10. *Sebulodes? magicaria* F. & R. ♀. Bogota Lindig.
„ 11. *Paragonia* (Hüb. Verz. 292; Clysia Gue. nomen bis lectum) *succedens* Walk? List lep. ins. XX. 43. ♀. Bogota (Lindig).
„ 12. *Dalima* Moore, proc. zool. soc. 1867 p. 644. *Putnaria* F. & R. ♂. Darjeeling.
„ 13. *Urapteryx praetoraria* F. & R. ♂. Ind. or. Lorquin).
„ 14. *Cosicades mensaria* F. & R. ♀. Brasilia.
„ 15. *Ozydia Batesi* F. & R. ♂. fl. Amazonas (Bates); affinis G. Apidaniae Cram. et forsan varietas.
„ 16. *Ozydia Natterei* F. & R. ♂. Brasil; San Paulo (Natterer ♀. M. C.)
„ 17. *Ozydia vitiligata* F. & R. ♀. Brasil; Marabitanas (Natterer ♂. M. C.) species valde varians, plus minusve supra luteo tincta, subtus nigro variegata et forsan solummodo forma G. Vesuliae Cram. 240 B. (certe secundum specimen vilem delineata); huic etiam O. pensinata, distichata et nimbata Guenée (spec. gen. IX p. 59) adtribuendae.

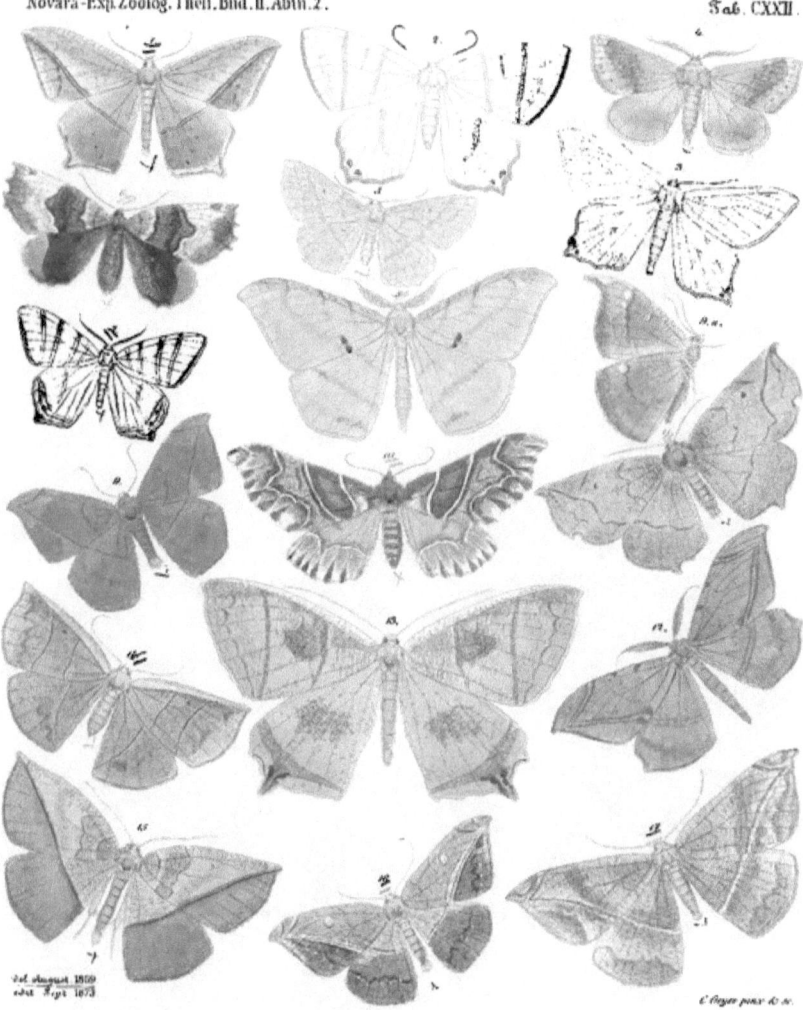

Erklärung der Tafel CXXIII.

Novara-Exped. zoolog. Theil. Band II., Abtheilung 2

Fig. 1. *Semiotusa*? (Hüb. 1816 = *Macaria* Curt. 1826) *venatipes* Feld. & Rghfr. ♂ fl. Amazonas (Bates).
" 2. *Scardamia Taprobanes* F. & R. ♀ Ceylon (Nietner).
" 3. *Gonodontis*? *Nelsonaria* F. & R. ♀ Nova Seelandia.
" 4. *Ophistograptis* (Hüb. 1816 Rumia Dup. 1829) *pangiaria* F. & R. ♂ Himalaja (Ladak) Pangi (Stoliczka).
" 5. *Drepanodes albicoraria* F. & R. ♂ Brasilia; affinis Conibaenae tragonariae Herr. Schaeff. exot. I f. 535.
" 6. *Amilapis*? *ochrolaria* F. & R. ♀ Nova Seelandia.
" 7. *Hinaea moscuata* F. & R. ♂ Afr. mer. Murraysburg (Trimen).
" 8. *Hygochroa*? (Hüb. V.) *dulciaria* F. & R. ♂ Afr. mer. Knysna (Trimen).
" 9. *Enchlaena* (Hüb. Verz. 293 = *Epione* Dup. 1829 *limettaria* F. & R. ♂ Africa mer. Plettenberg-Bay (Trimen).
" 10. *Pyrinia* (Hüb. Verz. = *Crocopteryx* Gue. *Aeroleuca* H. Sch.) *icterata* F. & R. ♂ fl. Amazonas (Bates).
" 10. a. idem pagina inferior.
" 11. *Azelina fascularia* F. & R. ♀ Brasilia, Ypanema (Natterer, M. C.) Guyana gall. subtus obscurior et minus variegata quam A. *ancetaria* Hüb. (non Cram.).
" 12. *Azelina etysiaria* F. & R. ♀ fl. Amazonas (Bates).
" 13. *Azelina spectreta* (Mor. i. l.) n. Walk. list lep. ins. XXVI. 1516 ♂ Venezuela, Cap Tovar (Moritz).
" 14. *Microgonia* (H. Sch. 1855, Apicia Gne. 1857) *amazonaria* F. & R. ♂ fl. Amazonas (Bates).
" 15. *Pergama* (Her. Schaeff. 1855, Synemia Gné. 1857) *pumaria* F. & R. ♂ fl. Amazonas (Bates).
" 16. *Azelina cycloderia* F. & R. ♂ Venezuela (Dr. Moritz).

Fig. 17. *Enchlaena*? *algoaria* F. & R. ♂ Africa mer. Plettenberg-Bay (Trimen).
" 18. *Drepanodes*? *olinducia* F. & R. ♂ Brasilia.
" 19. *Acrotaxia* (H. Sch. ex. p. 61 = ? *Sicya Gué*. *quietaria* F. & R. ♂ Chile.
" 20. *Azelina Lindigi* F. & R. ♀ Bogota (Lindig), subtus affinis A. *ancetae* Cram. 360.
" 21. *Azelina gorraparia* F. & R. fl. Amazonas (Bates).
" 22. *Sgrenodia* (Hüb. Verz. 300 = Hyperythra Gné) *vestillaria* Gnen. IX. 102 ♂ var. St. Domingo (Tweedie).
" 23. *Enchlaena sofalaria* F. & R. ♂ Africa mer. Knysna (Trimen).
" 24. *Gynopteryx*? *tendrincia* F. & R. ♂ fl. Amazonas (Bates).
" 25. *Azelina*? *clanstraria* F. & R. ♀ Venezuela.
" 26. *Zanclopteryx*? *Cookaria* F. & R. ♂ Nova Seelandia, supra linea posteriore extus ochracea.
" 27. *Meticuludes*? *Moritzi* F. & R. ♀ Venezuela.
" 28. *Calotois Kamtaria* F. & R. ♂ Himalaja, Rampur (Dr. Stoliczka).
" 29. *Aspilates* (Conchia Hb. p. Verz. 387) *niponesia* F. & R. ♂ Japonia (forsan solummodo major et subtus obscurior forma formosarine.
" 30. *Pella varipes* F. & R. ♂ fl. Amazonas (Bates), pectore albo tibiäs tarsique albido fuliginoso variae.
" 31. *Eudrapa sabmaria* F. & R. ♀ Japonia (affinis En. comoisaina Walk. XXXV. 1554 Americae bor.).
" 32. *Zanclopteryx*? *Haastiaria* F. & R. ♂ Nova Seelandia (Dr. Haast) subtus accedens figurae 26.
" 33. *Azelina saturata* Walk. (Journ. Linn. soc. IX. 195. — 1866 ♀). ♂ Cap Tovar, Venezuela (Dr. Moritz) M. C.
" 34. *Metrocampa*? *maronharia* F. & R. ♂ Maranhaon (Bras. bor.).

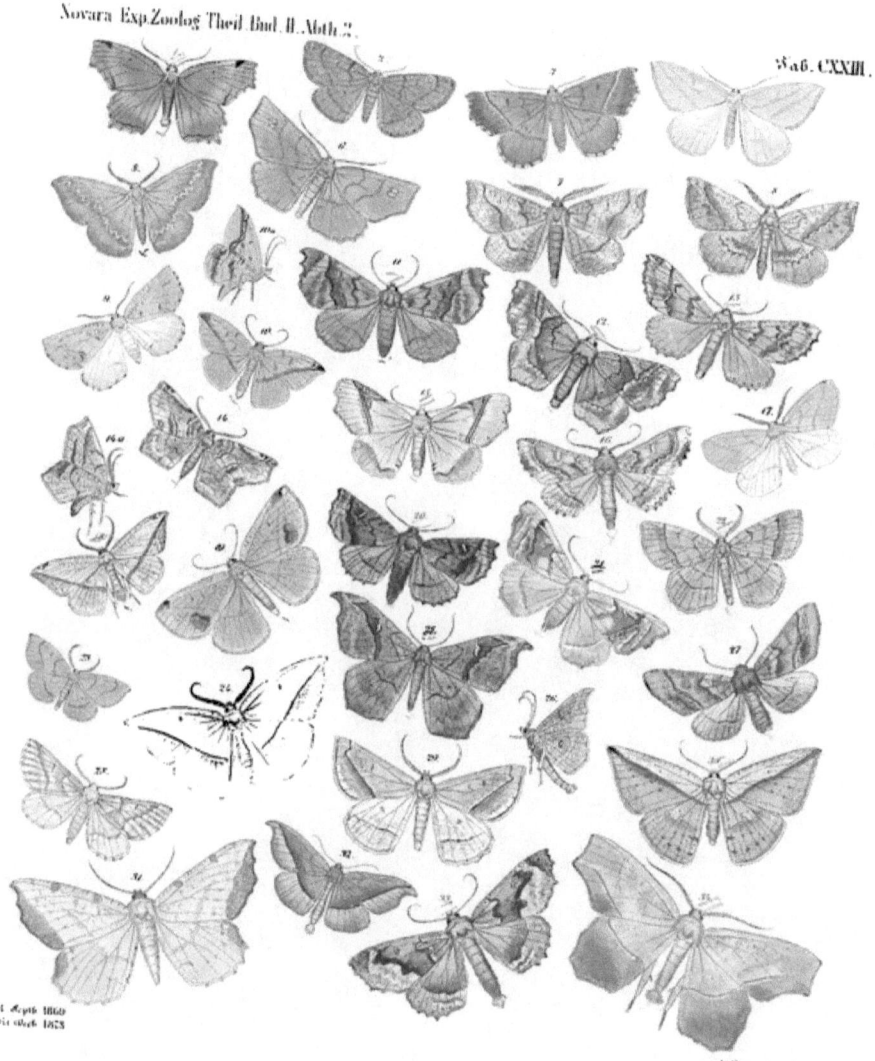

Novara Exp. Zoolog. Theil Bnd. II. Moth 2. Tab. CXXIII.

Erklärung der Tafel CXXIV.

Novara-Exped. zoolog. Theil, Band II., Abtheilung 2.

Fig. 1. *Hinaera cillaria* Feld. & Rogltfr. ♂ Africa mer. prom. b. sp. (Trimen).

" 2. **Merida** n. g. Rogltfr. Palpi pilosi, acuminati; haustellum spirale; antennae ♂ biseriato-pectinatae, apice nudo; tibiae posteriores laeves, longitudinaliter inflatae (minus quam in g. Idiode), extus sulcatae, alae angustae, anteriores acutae. *M. vetestaria* F. & R. ♂ Africa mer. Stellenbosch (Trimen).

" 3. *Idiodes inspirata* Gueneé (IX, p. 40) ♂ Austral. Moreton Bay.

" 4. *Idiodes punctiger*, F. & R. ♂ Austral. Melbourne.

" 4a. *Idiodes punctiger*, pagina inferior.

" 5. *Polla? erythraria* F. & R. ♂ Guyana gall; duo penultima segmenta subtus et lateraliter longe fasciculata.

" 6. *Caletois? chilenaria* F. & R. ♂ Chile; palporum articulus ultimus longus, fere nudus.

" 7. *Idem?* ♀.

" 8. *Paragonia dentata* F. & R. ♀ Chile.

" 9. *Chlenias belidearia* F. & R. Austral. mer.

" 10. *Semiothisa Egaria* F. & R. ♂ fl. Amazonas (Bates).

Fig. 11. *Chlenias? fucata* F. & R. ♀ Austral. Moreton-Bay.

" 12. *Hygrochroa?* (Hüb. Verz. 1816, 293. Pericallia Steph. 1829 nomen bis lectum et vetustius (Hüb. Verz. p. 182; Walk. list VII. p. 1693), quam Plereies Led. 1852) *davalliata* F. & R. ♂ fl. Amazonas.

" 12a. *Hygrochroa davalliata* pagina inferior.

" 13. *Hygrochroa galbanaria* F. & R. ♂ fl. Amazonas (Bates).

" 13a. *Hygrochroa galbanaria*, pagina inferior.

" 14. *Hygrochroa galbanaria* ♀.

" 14a. *Hygrochroa galbanaria* ♀, pagina inferior.

" 15. *Arhodia? lutosaria* F. & R. ♂ Austral. merid.

" 16. *Arhodia? lutosaria* ♀ Melbourne.

" 17. *Arhodia? lutosaria* var. *punicea* F. & R. Austral. septentrionalis.

" 17a. *Arhodia? lutosaria*, var. *punicea*, pagina inferior.

" 18. *Monctenia sueeinitharia* F. & R. ♂ Australia meridionalis (affinis M. Digglesariae Gue, ann. ent. d. France IV, ser. I. 1864. 15).

" 19. *Idem* ♀.

" 20. *Gonodontis aurearia* F. & R. ♀ Chile.

Tab. CXXIV

Erklärung der Tafel CXXV.

Novara-Exped. zoolog. Theil, Band II, Abtheilung 2.

Fig. 1. *Azgrtodes?* rostellaria Feld. & Roghfr. ♀ Mexico.
" 2. *Hypochroma sphagnata* F. & R. ♂ Darjeeling (H. muscicolariae Walk. affinis).
" 3. *Hypochroma nyssiata* F. & R. ♂ Australia merid. (Angas).
" 4. *Hypochroma Wilsoni* F. & R. ♂ Australia merid. (Angas).
" 4. a. *Hypochroma Wilsoni* F. & R. ♂ pagina inferior.
" 5. *Boarmia tulbaghata* F. & R. ♂ Africa mer. Knysna (Trimen) subtus lunulae mediae nigrae et magnae.
" 6. *Boarmia?* (Eutrapis Hb. Vz. 316) *accentuata* F. & R. ♂ Africa mer. Knysna (Trimen).
" 7. *Hypochroma? Cetraria* F. & R. ♀ Australia, Moreton-Bay.
" 7. a. *Hypochroma? Cetraria* F. & R. ♀ pagina inferior.
" 8. *Pachgodes* (Terpna H. Sch. 205) *luteipes* F. & R. ♀ Cochinchina.
" 8. a. *Pachgodes luteipes* F. & R. ♀ pagina inferior.
" 9. *Scotopteryx* (Hüb. 1816 = Gnophos Treitschke 1825) *jugearia* F. & R. ♂ Ind? (Lorquin).
" 10. *Epimecis* (Hb. Verz. 345) *dibapha* F. & R. ♂ Chile.
" 10. a. *Epimecis dibapha* pagina inferior.
" 11. *Boarmia merope* Cram. XVIII. C. ♂ fl. Amazonas, Marabitanas (Natterer M. C.).

Fig. 12. *Scotopteryx? uncinata* F. & R. ♀ Himalaja, Chini (Stoliczka).
" 13. *Amphidasys Cladonia* F. & R. ♀ Silhet.
" 14. *Synopsia Hedemanni* F. & R. ♀ Mexico. Puebla, Huahuapan; a dom. de Hedemann*) ex crucis Majo 1865 educata.
„Eruca: atra, caerulina dorsali laete flavovirente, a secundo usque ad penultimum segmentum adtingente; quivis annulus concoloriter tenue striatus, capitem et anum versus albidus." (v. Hedemann). Pupa: crassa, murrhae instar fulgida, glauca, lurido-nigroque irregulariter varia; eremanter niger, scaber, sex hamulis nitidis armatus; in firmo amplo reticulato filamento inclusa; mense Novembre plerumque in foliis Agavae involuta; ova fere laevea, plano-subrotundata, graminea.
" 15. idem ♂.
" 16. *Hemerophila subspersata* F. & R. ♀ Japonia.
" 17. *Boarmia pertinaria* F. & R. ♂ Darjeeling, Sikkim.
" 18. *Boarmia ponderosa* F. & R. ♂ Cochinchina.
" 19. *Bronchelia revellata* F. & R. ♀ fl. Amazonas (Bates).
" 20. *Bronchelia anomala* (Mor. i. l.) F. & R. ♂ Venezuela (Moritz), Nova Granada (Sulkowski. M. C.), femina major, albidior.
" 21. *Scotopteryx? cinnabaria* F. & R. ♀ Chile.

*) cf. Verhdl. k. k. zoolog. bot. Ges. 1869 p. 465.

Erklärung der Tafel CXXVI.

Novara-Exped. zoolog. Theil. Band II., Abtheilung 2.

Fig. 1. *Boarmia Erebopis* (Hb.) *nigraria* Feld. & Rghfr. ♀ Sidney.
- 2. *Hemerophila jugorum* F. & R. ♀ Himalaja, Kyelang, (10.000) Junius. D. Stoliczka.
- 3. *Epicnanthis?* (Hb.) *antipodaria* F. & R. ♀ Nova Seelandia.
- 4. *Scotopteryx* (A. s.) *inauriata* F. & R. ♂ Nova Seelandia.
- 5. *Boarmia adustata* F. & R. ♂ Ceylon-Niemer.
- 5. a. idem, pagina inferior.
- 6. *Scotopteryx? rubiliviata* F. & R. ♂ Chile, subtus accedens Sc. dumetatae.
- 7. *Hemerophila? sulpitiata* F. & R. ♀ Nova Seelandia.
- 8. *Bryoptera? pentonta* F. & R. ♂ Chile.
- 9. *Bryoptera? leridenta* F. & R. ♂ Chile.
- 10. *Boarmia tridotaria* F. & R. ♂ Himalaja (Stoliczka) affinis B. repandariae, subtus magis lutea, apicem et limbum versus obscurior.
- 11. *Boarmia?* (sect. Deileptenia m., Hb. p.) *squamigera* F. & R. ♀ Bogota (Lindig); lunulae mediae e squamis erectis formatae.
- 12. *Hemerophila caprimulgata* F. & R. ♂ Nova Seelandia; alae feminae lucidioris magis angustae, subtus basin versus albidae; limbus albo-varius. (M. C. de Hochstetter).

Fig. 13. *Boarmia? infumata* F. & R. ♀ Australia mer. (Angas) M. C. (B. de Hügel).
- 13 a. *Boarmia? infumata*, pagina inferior.
- 14. *Hypochroma squamota* F. & R. ♂ Tasmania.
- 15. *Boarmia Hypertata* F. & R. ♀ Bogota (Lindig); accedens B. fuscolimbariae Snellen Tijdsch. v. Entomol. D. XVII Jan. 1871 p. 35, pl. 2 f. 8.
- 16. *Erebomorpha* -Walk. list. XXI. 194, 1860 = Hemerophila Gn. groupe I Vol. IX, 217; affin. Vindusarae Moore proc. zool. soc. 1867 p. 654) *praetextata* F. & R. ♂ Darjeeling.
- 17. *Erebomorpha xanthosoma* F. & R. ♂ Darjeeling.
- 18. *Erebomorpha maucraria* Guenée hist. nat. IX 218 ♂ (= Elphos? Parisnathei Walk. list. XXVI. 1515; Moore proc. zool. soc. 1867, 625) Darjeeling, Silhet (M. C.).
- 18 a. *Erebomorpha maucraria*, pagina inferior.
- 19. *Erebomorpha maucraria*, Gue. ♀ (indes.) tibiae posteriores vix incrassatae; Assam; Silhet (M. C.).
- 19 a. *Erebomorpha maucraria*, pagina inferior.
- 20. *Prodos fladata* F. & R. ♂ Bogota (Lindig).
- 20 a. *Prodos fladata* pagina inferior.

Erklärung der Tafel CXXVII.

Novara-Exped. zoolog. Theil, Band II. Abtheilung v.

Fig. 1. *Omphax? sanguinipuncta* Feld. & Roghfr. ♂ Africa mer. Stellenbosch (Trimen).

„ 2. *Omphax? frondicuta* F. & R. ♂ Promont. b. sp. Wynberg (Trimen).

„ 3. *Omphax? frondicuta* F. & R. ♀ subtus nitide albescens.

„ 4. *Omphax? Trimeni* F. & R. ♂ Promont. b. sp. Wynberg (Trimen).

„ 5. *Euchloris* (Hb. 1816 = *Phorodesma* Boisd. 1840) *vivisinta* F. & R. ♂ Prom. b. sp. Wynberg (Trimen) subtus magis splendens quam E. plusiaria et cinereo fusco notata.

„ 6. *Nemoria? corruptata* F. & R. ♀ fl. Amazonas (Bates).

„ 7. *Euchloris balinta* F. & R. ♂ Java.

„ 8. *Euchloris cravata* F. & R. ♂ Africa mer. Knysna (Trimen).

„ 9. *Thalassodes svizzerin* F. & R. ♀ Africa merid. (Grahamstown).

„ 10. *Rachcospila coryphata* F. & R. ♀ Africa mer. Knysna (Trimen); affinis R. neviariae H. Sch. 129 quae etiam tibias anteriores floccosas exhibet.

„ 11. *Nemoria taediata* F. & R. ♂ fl. Amazonas (Bates).

„ 12. *Nemoria bryata* F. & R. ♀ Bogota (Lindig).

„ 13. *Comibaena* (Hb. Verz. 281 non Hesp. Sch.) *albiceps* F. & R. ♂ Amboina (Dr. Doherschall) subtus alba, margine anteriore virescente.

„ 14. *Rachcospila? Knyanata* F. & R. ♂ Africa mer. Grahamstown (Trimen); R. araxis Gué. affinis.

„ 15. *Nemoria? Imaigera* F. & R. ♂ Natalia. (D'Urban).

„ 16. *Rachcospila morbillata* F. & R. ♂ Brasilia, affinis G. albocilliariae Herr. Sch. f. 344.

„ 17. *Nemoria stillata* F. & R. ♂ Africa mer. Plettenberg Bay.

„ 18. *Rachcospila juvenula* F. & R. ♀ fl. Amazonas (Bates), Bras. mer. (Natterer, M. C.) affinis G. ocellatae Stoll XXXIV. f. g. subtus albida.

„ 19 *Euchloris adiposata* F. & R. ♂ Caffraria fl. Tsomo (Bowker).

Fig. 19 a. *Idem* pagina inferior.

„ 20. *Sterrha dichroma* F. & R. ♂ Africa mer. Plettenberg Bay (Trimen).

„ 21. *Chrysocestis* (Hb., Palyas Gué. p. *Rubrogutatta* F. & R. ♀ Mexico, Potrero (Januario a D. de Hedemann in sylvo capta: M. C.) in ♂ ris ala ant. maculae marginis antici interioris fascia flava junctae; subtus albida.

„ 22. *Rachcospila? albicosa* F. & R. ♂ fl. Amazonas, subtus albida. (specimen male servatum).

„ 23. *Comibaena calcinata* F. & R. ♂ Australia, R. Clarence.

„ 24. *Comibaena pacifica* F. & R. ♀ insulae vitianae; affinis G. albaviridi Moore, proc. zool. soc. 1872, 583. —

„ 25. *Rachcospila stagnata* F. & R. ♂ Bogota (Lindig) subtus excepta ochracea costa, alba.

„ 26. *Chlorosoma psittacina* F. & R. ♂ Ins. molucc. (Lorquin).

„ 27. *Nemoria? hadrata* F. & R. ♂ Africa mer. Knysna (Trimen).

„ 28. *Aboisodes lanceoris* F. & R. ♂ Bogota (Lindig).

„ 29. *Aboisodes pardalis* F. & R. ♂ Ins. molucc. (Lorquin).

„ 30. *Aboisodes anaularis* F. & R. ♂ Brasilia bor. Natterer (M. C.).

„ 30 a. *Idem* pagina inferior.

„ 31. *Phrygionis pallicosta* F. & R. ♂ Guyana gall.

„ 32. *Achlora costubinata* F. & R. ♀ Bogota (Lindig).

„ 33. *Achlora roseipalpis* F. & R. ♀ Venezuela (Dr. Moritz).

„ 34. *Euerles obesata* F. & R. ♂ Luzon.

„ 35. *Nemoria caducata* F. & R. ♂ Guyana gall. affinis N. translucidariae H. Sch. f. 343.

„ 36. *Rachcospila paliata* F. & R. ♀ Natalia (D'Urban).

„ 37. *Geometra calida* F. & R. ♂ Japonia, tibiae anticae fasciculatae, affinis G. albovenariae Bremer.

„ 38. *Valgas ahanata* F. & R. ♀, fl. Amazonas (Bates).

„ 39. *Eucelon flagrata* F. & R. ♀ Singapore.

Tab. CXXVII.

Erklärung der Tafel CXXVIII.

Novara-Exped. zoolog. Theil, Band II., Abtheilung 2.

Fig. 1. *Acidalia peditata* Feld. & Rogh. ♂ Ceylon (Nietner).
" 2. *Cidaria undosata*. F. & R. ♀ Nova Seelandia (Neu-Münster) ♂ antennis pectinatis (M. C.) affinis et forsan varietas sulphurea Asthenae mellatae Guenée entom. monthl. mag. V, p. 42. 1868.
" 3. *Timandra* (Calothysanis Hb. p.) *geniaria* F. & R. ♀ Kalitunga, Bengalia.
" 4. *Semiothisa* (Hb. Macaria Curt.) *furculata* F. & R. ♂ basi al. ant. cum fovea glabra; Bogota (Lindig).
" 5. *Acidalia subvata* F. & R. ♀ Nova Seelandia.
" 6. *Acidodes thyreota* F. & R. ♀ Venezuela.
" 7. *Erosia verticaria* F. & R. Ceylon (Nietner).
" 8. *Trygodes phycisata* F. & R. & B. Amazonas.
" 9. *Acidalia quadrigata* F. & R. ♂ fl. Amazonas (Bates).
" 10. " *argentistata* F. & R. ♀ Bogota (Lindig).
" 11. " *minevara* F. & R. ♂ fl. Amazonas (Bates).
" 11. a. Idem ab parte inferiore.
" 12. *Berberodes conchylata* ♂, Guenée phalen. X. 17. ♀ tab. XII f. 9; fl. Amazonas (Bates) Guyana gall. (M. C.)
" 13. *Judis? olivacea* F. & R. ♂ Bogota (Lindig).
" 14. *Problepsis* (Led. 1852 = Argyris Gue. 1857) *argritta* F. & R. Africa merid. Knysna (Trimen).
" 15. *Acidalia concinnata* F. & R. ♂ S. Domingo (Tweedie) tibiae posteriores intus longe floccosae, carnose coloratae, ad basin cirrum albidum gerentes, tarsi postici rudimentarii.
" 16. *Semiothisa diplosata* F. & R. ♂ Bengalia Kalitunga.
" 17. *Cidaria* (Asthena Gue. IX, 434) *undinata* Gue. l. c. 438 ♂ Nova Seelandia (M. C.), figura Guenée pl. 19. f. 1 difficile cognoscenda.
" 18. *Semiothisa Giaubarina* Gue. IX, 73 ♀ (? Cram. 371 f. B.) Guyana; Brasil. (M. C.).
" 19. *Trygodes agrata* F. & R. ♀ Ins. Moluce. (Lorquin).
" 20. *Erosia kiana* F. & R. ♂ Venezuela (Moritz) femina subtus ochracea (M. C.).
" 20. a. Idem ab parte inferiore.

Fig. 21. *Erosia bisinuata* F. & R. ♀ Guyana gallica.
" 22. *Semiothisa divergentata* ♂ Snellen Tijdschr. v. Entom. XVII. 1874 p. 69 pl. V Fig. 7 (Macaria, fl. Amazonas (Bates).
" 22. a. Idem ab parte inferiore.
" 23. *Cambogia? lurida* F. & R. ♂ Brasilia.
" 24. *Anis des? latevitta* F. & R. ♂ Africa mer. Knysna (Novemb. Trimen).
" 25. *Nedusia Acalis* F. & R. ♂ Bogota (Lindig), subtus albescens.
" 26. *Acidalia insulata* F. & R. ♂ Bogota (Lindig).
" 27. *Semiothisa macuoreta* F. & R. ♂ fl. Amazonas (Bates) Bras. (M. C., Schott).
" 27. a. Idem, ab parte inferiore.
" 28. *Semiothisa domsinicata* F. & R. ♂ S. Domingo (Tweedie).
" 29. *Semiothisa genulata* F. & R. ♂ fl. Amazonas (Bates).
" 30. *Epyrleon* (H. Sch. 1855) *forcillata* F. & R. ♀ Brasil.
" 31. *Schidax exultu* F. & R. Guyana.
" 32. *Kraunanda* (Moore, proc. zool. soc. 1867, 648) *citruria* F. & R. ♂ Java. Buitenzorg (Frauenfeld).
" 33. *Acidalia strasinea* F. & R. ♂ Africa mer. Knysna (Trimen).
" 34. *Molybdophora schelara* F. & R. ♂ fl. Amazonas (Bates).
" 35. *Syngria drepanata* F. & R. ♂ fl. Amazonas (Bates).
" 35. a. Idem ab parte inferiore.
" 36. *Cambogia leprosa* F. & R. ♂ Brasilia: ♀ Mexico, Cordoba (Januario 1865 fl. Hedemann legit. M. C.).
" 37. *Semiothisa delunta* F. & R. ♀ Bogota (Lindig) ♀ Brasil. Rio. (M. C. Kammerlacher).
" 38. *Erosia bilena* F. & R. ♀ Bengalia.
" 39. *Strophidia* (Hübn. 1816 = Micronia Gue. 1857) *pannata* F. & R. ♂ Halmaheira, Salawatti.
" 40. *Strophidia phantasmat* F. & R. ♂ Gebeh, Java. (Bernstein).

Novara Exp. Zoolog. Theil. Bnd. II. Abth. 2. Tab. CXXVIII.

Erklärung der Tafel CXXIX.

Novara-Exped. zoolog. Theil, Band II. Abtheilung 2

Fig. 1. *Fidonia unguinata* Feld. & Rghfr. ♂ Africa mer., Knysna (Trimen).
" 2. *Fidonia rubellata* F. & R. ♂ Promontorium b. spei (m. Augusto, Trimen).
" 3. *Phasiane catillata* F. & R. Chile.
" 4. *Ostendes turbulentata* Guenée ♂ (hist. nat. X. p. 177) Promontorium b. spei (m. Aprili, Trimen) ♀ typum cl. Zeller benigne Mus. Caes. donabat.
" 4. a. Idem ab parte inferiore.
" 5. *Fidonia braphos* F. & R. ♂ Nova Seelandia. ♀ ins. Neumünster (M. C.).
" 5. a. Idem ab parte inferiore.
" 6. *Phasiane? miliaria* F. & R. ♂ Africa merid.
" 7. *Fidonia scorata* F. & R. ♂ Chile.
" 8. *Macnes* (Hüb. Verz. 167 = Dichroma Westw. in Jardin. & Argyrophora Guenée 1857) *aleidata* F. & R. ♂ Promont. b. spei, Simonstown (Octob. Trimen).
" 9. *Numeria uncinata* F. & R. ♀ Nova Seelandia.
" 10. *Axia?* (Hüb. = Cinetia Led.) *inustata* F. & R. ♂ Africa mer., Swellendam (L. Taats).
" 11. *Numeria? inusta* F. & R. ♀ Chile.
" 12. *Aspilates toughata* F. & R. ♂ Japonia; forsan forma australis Aspilates mundataria Gran.
" 13. *Itamei* (Hb.-Thamnonoma Led.) *terinata* F. & R. ♀ Natalia (d'Urban, m. marte).
" 13. a. Idem ab parte inferiore.
" 14. *Rhinodia? bicellata* F. & R. ♀ Chile.

Fig. 15. *Nyetemera*) variolosa* F. & R. ♂ patr.? Ind.?
" 16. *Opisogonia?* (H. Sch. S. aussereurop. Schmett. p. 34, f. 135) *diffissaria* F. & R. ♀ Chile.
" 17. *Numeria? plicata* F. & R. ♂ Afr. mer. Knysna (Novemb.).
" 18. *Opisogonia? tenuata* F. & R. ♀ Chile.
" 19. *Hemiagalma* (H. Sch. S. aussereurop. Schmett. f. 350. 1855 = Panagra Guenée 1857) *insperata* F. & R. ♂ Sidney.
" 20. *Pranatodes?* (Gue.) *annotata* F. & R. ♀ ins. moluce. (Lorquin).
" 21. *Pranatodes frenata* F. & R. ♀ ins. moluce. (Lorquin).
" 22. *Fidonia bivirgata* F. & R. ♂ Africa mer., Knysna (Trimen).
" 23. *Hyposidra* (= Lagyra Walk. list lep. XX, 58 & Chizala p. 263) *australis* F. & R. ♂ Australia, Port Denisson.
" 24. Idem ♀
" 25. *Hyposidra leptosoma* F. & R. ♂ Luzon; affinis Lagyra pacarine Walk. list lep. XXXV, 1541; ab parte inferiore.
" 26. *Semiothisa? jotaria* F. & R. ♀ Java.
" 27. *Panaethia atrocoerulea* F. & R. ♀ Celebes, Menado.
" 28. *Rhypavia grandaria* Felder ♀ Wien. entom. Monatsschft. VI 1862 p. 39; montes Ningpoenses.
" 29. *Macaena interruptaria* Felder ♂ l. c. China centralis, montes provinciae Tse-Kiang.

*) Faber inter Geometras locat.

Erklärung der Tafel CXXX.

Novara-Exped. zoolog. Theil, Band II, Abtheilung 2.

Fig. 1. *Heterusia* (Hübner 1825. Zutr. III. 18 = Scordylia Guenée 1857) *Zerites* Feld. & Roghfr. ♂ Bogota (Lindig).
" 1. a. Idem ab parte inferiore.
" 2. *Heterusia Mileto* F. & R.; Bogota (Lindig).
" 2. a. Idem ab parte inferiore.
" 3. *Heterusia dichroata* (Moritz in lit.) F. & R. Bogota (Lindig); forsan = Het. partitata Wlk. list XXIV. p. 1275. species diversa ab Het. partitata Guén.
" 3. a. Idem ab parte inferiore.
" 4. *Heterusia? Cucunuyapho* F. & R. ♂ Mexico (Bilimek).
" 4. a. Idem ab parte inferiore.
" 5. *Heterusia sinuosa* F. & R. Peru.
" 5. a. Idem ab parte inferiore.
" 6. *Heterusia? Ephestris* F. & R. Bogota (Lindig) subqu. affinis Fig. 13 ejusd. tab.
" 7. *Heterusia? concreta* F. & R. Chile.
" 7. a. Idem ab parte inferiore.
" 8. *Genussa* (Wlk. list. XXXI p. 171, 1864) *radiata* F. & R. ♂ fl. Amazonas (Bates) pars inferior.
" 9. *Heterusia cucureo* F. & R. ♂ Mexico. Cuernavaca (Bilimek). Atajae Januario frequenter, de Hedemann) Brasil. (M. C., Natterer); affinis Se. partitatae Gné. X. 3a4.
" 9. a. Idem ab parte inferiore.
" 10. *Celerena* (Wlk. list XXXI. p. 164, 1865) *tricolor* F. & R. ♂ ins. molucc. (Lorquin).
" 11. *Bursada* (Wlk. l. c. p. 187) *saugata* F. & R. ♂ ins. molucc. (Lorquin).
" 12. *Bursada maculifera* F. & R. ♂ ins. molucc. (Lorquin).
" 13. *Heterusia auicata* F. & R. ♂ Bogota (Lindig).
" 13. a. Idem ab parte inferiore.

Fig. 14. *Celerena funebris* F. & R. ♀ ins. molucc. (Lorquin).
" 15. *Perenda guttata* F. & R. ♂ Darjeeling.
" 16. *Abraxas hyposta* F. & R. ♂ Ind. or. ? (Lorquin) Nyctemera claras Wlk. list XXXI. 202 similis.
" 17. *Heterusia ochrosoma* F. & R. ♀ Bogota (Lindig).
" 18. *Celerena andamanae* F. & R. ♂ ins. andamanae; affinis Collina. Lemne Boisd. Voyage de l'Astrolabe pl. V. f. 2.
" 19. *Orthostixis Hügeli* F. & R. ♂ Silhet; Himalaja, Caschmir (M. C.) B. de Hügel legit etiam exemplaria minora.
" 20. *Celerena chrysinge* F. & R. ♀ Geboh; affinis C. Perithoae Cramer II. tab. 172.
" 21. *Genussa? Dioptis* F. & R. ♀ Veragua.
" 22. *Bursada? Ctris* F. & R. ♂ *Audoins* (Dr. Doleschall).
" 23. *Abraxas monychata* F. & R. ♂ ins. molucc. (Lorquin.
" 24. *Bursada minor* F. & R. ♂ ins. molucc. (Lorquin).
" 25. *Fidonia? setinata* F. & R. ♀ Caffraria, Butterworth.
" 26. *Heterusia acerata* F. & R. ♀ Chile; ♂ plus nigrescens (M. C.).
" 27. *Nephodia furiosa* F. & R. ♂ affinis N. sublilariae Hüb. Zutr. f. 395, 96. species a Guénée et Walkero non memoratata. Brasilia.
" 28. *Carpella* (Walker list lep. ins. XXXI. 1864, 170). *districta* Wlk. l. c. ♀ Venezuela. ♀ major, limbus subtus infuscatus (M. C.).
" 29. *Genussa immolata* F. & R. ♂ basis al. anter. subrotundatim tumida uti in G. radiata Fig. 8 eardem tabulae; Fl. Amazonas (Bates), affinis G. celeurariae Wlk. XXXI. 171.
" 30. *Celerena encaensis* F. & R. tibiae posticae tumidae; Celebes, Modelido (Rosenberg).

Erklärung der Tafel CXXXI.

Novara-Exped., zoolog. Theil. Band II, Abtheilung 2.

Fig. 1. *Itame?* (Hb. = Thamnonoma Led.) *cinerascens* Feld & Roghfr. ♂ Nova Seelandia.

„ 2. *Cidaria* (Phibalapteryx Gué.) *goliata* F. & R. ♀ Nova Seelandia; ins. Neumünster (♂ M. C.)

„ 3. „ *brunniceps* F. & R. ♀ Africa meridionalis.

„ 4. „ *assata* F. & R. ♂ Nova Seelandia (M. C.)

„ 5. *Lobophora?* (Curtis 1825, Trichopteryx Hüb. 1816) *ocellaris* F. & R. ♀ Chile.

„ 6. *Cidaria nehata* F. & R. ♀ Nova Seelandia (M. C.)

„ 7. *Rhyparia? fenerata* F. & R. ♂ Nova Seelandia.

„ 8. *Cidaria gallinata* F. & R. ♀ Australia, Sidney.

„ 9. „ *oscotata* F. & R. ♂ Nova Seelandia.

„ 10. *Oligopleura* (H. Sch. 1855 = Pincurodes Gué. 1857) *aulacota* F. & R. Venezuela.

„ 11. *Saura ranata* F. & R. ♂ Nova Seelandia; affinis Cid. irretevatae Walk. list. XXV, 1416.

„ 12. „ *sistata* F. & R. ♀ Nova Seelandia, affinis Cid. inclinatarine Walk. l. c. 1418.

„ 13. *Lindes? Angasi* F. & R. ♀ Australia (Angas).

„ 14. *Cidaria sphacriata* F. & R. ♂ Nova Seelandia.

„ 15. *Stegania?* (Gué. p. p. X, Nr. 971) *allogata* F. & R. ♀ Australia, Sidney.

„ 15. a. Idem ab parte inferiore.

„ 16. *Tomopteryx* (Philippi Stett. ent. Zeitg. 1873 p. 313) *fissa* F. & R. ♂ Chile.

„ 17. Idem femina.

„ 18. *Tomopteryx batulata* F. & R. ♂ Chile.

„ 19. *Cidaria lupinata* F. & R. ♂ Nova Seelandia.

„ 20. „ *cerriculata* F. & R. ♀ Nova Seelandia, ♂ antennis pectinatis (M. C.)

„ 21. *Tomopteryx laciniosa* F. & R. ♂ Chile.

„ 22. *Chlenias verrucosa* F. & R. ♂ Nova Seelandia.

„ 23. *Selidosema? pungata* F. & R. Nova Seelandia.

„ 24. *Chlenias egregia* F. & R. ♂ Australia merid.

Fig. 25. *Syrtodes promchato* F. & R. ♀ Fl. Amazonas (Bates).

„ 25. a. Idem ab parte inferiore.

„ 26. *Acrasia* Roghfr. *n. g.*, aliquid generi Meridae (Novara tab. CXXIV f. 2) affine, praecipue quoad antennas et tibias adtinet. ♂ palpi pilosi, haustellum spirale; antennae biseriato-pectinatae, dentes extus dimidio breviores; tibiae posticae inflatae, calcaria intermedia longa, apicalia breves, obtusa; alae inferioris discus usque ad marginem anteriorem dense pilosus et basin versus tenuiter squamatus. A. *crinita* F. & R. ♂ Africa mer. Knysna (Decemb. Trimen).

„ 27. *Sarracena* (H. Sch. 1854 = Sybarites Guenée 1857) *pellicata* F. & R. ♂ Chile, Valparaiso.

„ 28. *Syrtodes bryifera* F. & R. ♀ Guyana gallica.

„ 29. *Selidosema? fragosata* F. & R. ♂ Nova Seelandia.

„ 30. *Chlenias ochroxoma* F. & R. ♂ subtus albida; Australia meridionalis (Angas).

„ 31. *Cidaria odonata* F. & R. ♂ Nova Seelandia (Hochstetter) antennae maris spatiose breviter pectinato-fimbriatae (♀ M. C.)

„ 32. *Sarracena declinaria* F. & R. ♀ Chile; forsan forma varians feminae fig. 27. eaedem tabulae.

„ 33. *Eupithecia fusaipalpata* F. & R. ♀ Nova Seelandia; accedens Eup. denticulatae.

„ 34. *Microdes toriata* F. & R. ♂ Nova Seelandia.

„ 35. *Lygris* (Eubolia Snellen) *scomaria* Snellen ♂ Tijdschr. v. Entom. XVII, 1874 p. 103 taf. VII f. 9, ♀, Bogota (Lindig) subtus costa subdorsalis al. ant. basin versus eincinnata.

„ 36. *Cidaria sensilineata* F. & R. ♀ Nova Seelandia.

„ 37. *Scotosia* (Pterocymia Hüb. p.) *affirmata* Gué. (hist. nat. X. p. 147) ♀ var. =? Sc. *dubiferata* Walk. list. lep. ins. XXV, 1349 Bogota (Lindig).

„ 38. Idem var. *bicolor* F. & R. ♀ Bogota; Bras. prov. San Paulo (Natterer M. C.), species haud dubie nostrae Sc. certatae instar aberrans.

„ 39. *Sparganis?* (Gué.) *tessernlata* F. & R. ♂ Bogota.

„ 39. a. Idem ab parte inferiore.

Erklärung der Tafel CXXXII.

Novara-Exped. zoolog. Theil, Band II. Abtheilung 2.

Fig. 1. *Cidaria risata* Febb. & Roghfr. ♂ Nova Seelandia.
" 2. " *cirrhiata* F. & R. ♂ Chile.
" 3. " *inopiata* F. & R. ♂ Nova Seelandia, Neumünster (♀ M. C., Hochstetter).
" 4. *Caustoloma?* (? *Polygonia* Guenée entom. monthly mag. V. 1868, 41) *ziczac* F. & R. ♂ Nova Seelandia.
" 5. *Elvia* (Walker list lep. ins. XXV. 1862. 1430) *Donovani* F. & R. ♂ Nova Seelandia, ins. merid.
" 6. *Cidaria grisata* F. & R. ♀ Bogota (Lindig).
" 7. " *acerbata* F. & R. ♀
" 8. " *monoliata* F. & R. ♀ Nova Seelandia.
" 9. *Heterolocha patalata* F. & R. ♂ Himalaya, Rampur (m. Augusto, Dr. Stoliczka).
" 9. a. Idem ab parte inferiore.
" 10. *Ortholitha bitrita* F. & R. ♂ Capstadt (Trimen).
" 11. *Cidaria subchlorata* F. & R. ♀ Venezuela (Moritz), aff. Cid. continuatae Gué. X 462.
" 12. *Psalioides adhaesinta* F. & R. ♀ Bogota (Lindig).
" 13. *Cidaria circumcidata* Snellen in Tijdschr. v. Entomologie XVII. 1874, 94 tab. 7, f. 3. ♂ Bogota (Lindig).
" 14. " *perversata* F. & R. ♂ Nova Seelandia; Coremia deltoidatae Walk. XXV. 1321 affinis.
" 15. " (Camptogramma Gué.) *plemyrata* F. & R. ♀ Chile, affinis Cid. gemmatae IIb.
" 16. " *occlusata* F. & R. ♀ Ceylon (Nietner).
" 17. " *setaria* F. & R. ♂ Chile.
" 18. " (Hammaptera H. Sch. exot. Schm. 66, 1855) *chloridata* F. & R. ♂ Venezuela (Dr. Moritz, M. C.).
" 19. " *timorata* F. & R. ♂ Nova Seelandia, subtus albido-rosacea. (♀ M. C.).
" 20. " *absitaria* F. & R. ♂ St. Domingo (Tweedie) margo interior al. post. dense nigro pilosus, ut in C. combustaria H. Sch. f. 355.
" 20. a. Idem ab parte inferiore.
" 21. *Euchlaena? polthidata* F. & R. ♂, Nova Seelandia.
" 21. a. Idem ab parte inferiore.

Fig. 22. *Euchlaena? polthidata* var.? *cinerea* F. & R. ♂ Nova Seelandia, subtus ut fig. 21.
" 23. *Cidaria molata* F. & R. ♂ Ceylon (Nietner).
" 24. *Cidaria perversata* F. & R. ♀ var. (♂ fig. 14.) Nova Seelandia.
" 25. *Elvia glaucata* Walk. list lep. XXV p. 1434. 1862 ♂ Nova Seelandia.
" 25. a. Idem ab parte inferiore.
" 26. *Alsophila* (Hüb. p. Verz. 321, = Pachycnemia Stph. 1829) *cymatophora* F. & R. ♀ Chile.
" 27. " *undidata* F. & R. ♀ Chile.
" 28. " *ternata* F. & R. ♀
" 29. *Aspilates? Callisteye* F. & R. ♀ Prom. b. spei (Trimen).
" 30. *Lobophora imbricaria* F. & R. ♀ Chile.
" 31. *Cidaria nomataria* F. & R. ♀ Himalaya, Lahul (Dr. Stoliczka).
" 32. " *macinata* F. & R. ♀ Himalaya Narkanda (Dr. Stoliczka).
" 33. " *obarata* F. & R. ♀ Nova Seelandia.
" 34. " (Stamnodes Gué. X, 515) *pamphilata* F. & R. Himalaya, Lahul (Dr. Stoliczka).
" 35. *Alsophila? hypparia* F. & R. ♀ Chile.
" 36. *Pachrophylla* (Blanch. hist. fis. d. Chile VII, 96, 1852) *obolata* F. & R. ♂ Chile.
" 37. *Cidaria consequata* F. & R. ♂ Bogota (Lindig).
" 37. a. Idem ab parte inferiore.
" 38. *Cidaria aquosata* F. & R. ♀ Nova Seelandia.
" 39. " *negata* F. & R. ♀ Himalaya, Chulichano (Dr. Stoliczka).
" 40. " *maclata* F. & R. ♀ Japonia.
" 41. " *hymenata* F. & R. ♀ Chile.
" 42. " *validata* F. & R. ♀ Himalaya, Lahul (Dr. Stoliczka).
" 43. *Graphidipus* (H. Sch. auss. eur. Schm. I. 65. 1855 = Terenodes Gué. X. 509. 1857) *flaviceps* F. & R. ♀ Venezuela (Dr. Moritz).
" 44. " *collaris* F. & R. ♀ Bogota (Lindig), affinis Ter. puncticulatae Gué. X. 509.

Tab. CXXXII.

Erklärung der Tafel CXXXIII.

Novara-Exped. zoolog. Theil, Band II, Abtheilung 2.

Fig. 1. *Cidaria? citellaria* Feld. & Roghfr. ♂ fl. Amazonas (Bates) Guyana gall. (M. C.).
- 2. *Erosia biangula* F. & R. ♂ fl. Amazonas (Bates) Guyana gall. (M. C.).
- 2. a. Idem ab parte inferiore.
- 3. *Pyrinia* (Hb. Verz. 291 = Urocopteryx Gné) *castanearia* F. & R. ♂ fl. Amazonas (Bates).
- 3. a. Idem ab parte inferiore.
- 4. *Pyrinia Eubapke* F. & R. ♂ fl. Amazonas (Bates).
- 5. *Acidalia? speciosa* F. & R. ♂ antennae intus penicillatim ciliatae, costae dimidium subtus, margo anterior al. post. et duo penultima segmenta lateraliter floccosa.
- 6. *Heteroloeha* (Aspilates Kollar in Hügels Kaschmir & d. Beleb. d. Sieh IV. p. 487, 1842) *phaenico-taeniata* ♂ Kollar l. c. Himalaja (Stoliczka) Massuri (M. C.; B. Hügel).
- 6. a. Idem ab parte inferiore.
- 7. *Chrysotaenia* (H. Sch. exot. p. 32) *ardeata* F. & R. ♂ fl. Amazonas (Bates).
- 8. *Numeria? quadriplaga* F. & R. ♀ Guyana.
- 9. *Euptocia euhagidaria* F. & R. ♂ Bogota (Lindig).
- 10. *Anisodes? uvulata* F. & R. ♂ ins. molucc. (Lorquin).
- 11. *Boarmia* (t. Ectropis Hüb.) *acryica* F. & R. ♀ Bogota (Lindig).
- 12. *Chienias crambaria* F. & R. ♀ Australia meridi. (Angas) processus corneus frontalis bifidus ut in C. arietaria Gné. X 259.
- 13. *Cidaria maculata* F. & R. ♀ Chile.
- 14. *Euphoeat? bevara* Walk. VII. 1660) *tricolor* F. & R. ♀ Bogota.
- 14. a. Idem ab parte inferiore.
- 15. *Bapta* (Hb. 1816, Odezia B. 1840) *crocenta* F. & R. Japonia.
- *) 16. *Stenoplastis* (? Feld. Novata tab. CV f. 16) *pallinereis* F. & R. ♀ Bogota (Lindig).

Fig. 17. *Cratoptera retectaria* F. & R. ♂ fl. Amazonas (Bates).
- 18. *Erosia vanvillata* F. & R. ♂ fl. Amazonas.
- 19. *Sangala?* (Walk. list lep. ins. XX. 265) *Necyria* F. & R. ♀ Peru, Pebas.
- 20. *Numeria galbulata* F. & R. ♂ Ceylon (Nietner).
- 20. a. Idem ab parte inferiore.
- 21. *Erateina Gomieri* F. & R. ♂ Bogota (Lindig).
- 21. a. Idem ab parte inferiore.
- 22. *Erateina Pohlata* F. & R. ♀ Bogota (Lindig) Marabitanas, Cassiquiare (Natterer, 1831, M. C.).
- 22. a. Idem ab parte inferiore.
- 23. *Erateina thyrisata* F. & R. ♂ Guatemala (Salvin).
- 23. a. Idem ab parte inferiore.
- 24. *Biston tenuissus* F. & R. ♂ fl. Amazonas (Bates).
- 25. *Erateina paeonata* F. & R. ♀ Venezuela (Moritz).
- 25. a. Idem ab parte inferiore.
- 26. *Erateina undeeinta* F. & R. ♂ Bogota (Lindig).
- 26. a. Idem ab parte inferiore.
- 27. *Erateina oriolata* F. & R. ♂ Bogota (Lindig).
- 27. a. Idem ab parte inferiore.
- 28. *Pyrinia aprima* F. & R. fl. Amazonas (Bates).
- 29. „ *apibka* F. & R. ♂ Amazonas (Bates).
- 30. *Heterusia? aluta* F. & R. ♀ Bogota (Lindig).
- 31. *Erateina garrulata* F. & R. ♂ Bogota (Lindig).
- 31. a. Idem ab parte inferiore.
- 32. *Laudesia?* (Walker list lep. ins. XX. 268) *attenlata* F. & R. ♀, Venezuela (Moritz).
- 33. *Hedyle leptosiata* F. & R. ♂ Guyana gallica (M. C.) ab parte inferiore.
- 34. *Phellinodes anoverdata* F. & R. ♂ fl. Amazonas (Bates).
- 35. „ *bahiata* F. & R. ♂ Bahia.
- 36. *Laudesia? typtaria* (Mor. i. l.) F. & R. ♂ Venezuela; ♀ *pallidior* (M. C., Moritz).

*) ad Lithosidas referenda.

Erklärung der Tafel CXXXIV.

Novara-Exped. zool.; Theil, Band II, Abtheilung 2.

Siculidae Gné.

- Fig. 1. *Siculodes tuvarda* Feld. & Roghfr. ♀, Brasilia; affinis Sic. matriculae Gné. Phal. tab. XIII f. 3.
- " 2. " *falcata* F. & R. ♀ Amer. mer.
- " 3. *Dracomia?* (Hbb. Verz. 197, 1816) *obliquata* F. & R. ♀ fl. Amazonas (Bates).
- " 4. *Herdonia* (Walk. list lep. ins. XIX. 963, 1859) *osaccalis* (!) Walk. l. c. 964. ♂ Assam.
- " 5. *Siculodes? rasoola* F. & R. ♂ Bogota (Lindig) Guyana gall. (M. C.)
- " 6. *Siculodes amethystea* F. & R. ♂ fl. Amazonas (Bates); subtus costa radialis et mediana al. ant. squamis nigris et argenteis obsitae, in longitudinem cellulae mediae.
- " 7. " *punctina* F. & R. ♀ fl. Amazonas (Bates); discus inferior al. ant. similis illo praecedentis, finis cellulae med. 4 radiis nigrarum squamarum albido-tinctis ornatus.
- " 8. " *cinereola* F. & R. ♂ Venezuela (Moritz).
- " 9. " *strigatula* Felder et Wien. ent. Monatschrift VI. 10. 1862. Ningpo, China; discus inf. al. ant. similis ut in fig. 7.
- " 10. " *carneola* F. & R. fl. Amazonas (Bates).
- " 11. " *? glareola* F. & R. ♂ Java.
- " 12. " *fulviceps* F. & R. fl. Amazonas (Bates).
- " 13. " *sterea* F. & R. ♂ Bogota (Lindig).
- " 14. " *striola* F. & R. ♂ Amboina (Dr. Doleschal, M. C.).
- " 15. " *canthina* F. & R. ♂ fl. Amazonas (Bates).

Pyralidae.

- " 16. *Platamonia? acanoma* F. & R. ♂ Insulae vitianae (M. C.).
- " 17. *Aeronolepia* (Westw. zool. journ. V. 451, 1834 = Semnia Hb. p. Led.) *hypaenalis* F. & R. ♀ fl. Amazonas (Bates).
- " 18. " *biguttalis* F. & R. ♀ fl. Amazonas (Bates) differt ab S. *auritali* in parte inferiore al. ant. plaga flava limbum versus posita affinis Plataenae elongatae Sepp Surin. Vlinder's I. tab. 43 p. 93.
- Fig. 19. *Semnia capitalis* F. & R. fl. Amazonas (Bates).
- " 20. " *auriitta* F. & R. fl. Amazonas (Bates).
- " 21. " *albicitta* F. & R. ♂ fl. Amazonas (Bates).
- " 22. " F. & R. ♀ Brasilia.
- " 23. *Semnia? fuscea* F. & R. ♀ fl. Amazonas (Bates).
- " 24. *Aeronolepia jovialis* F. & R. ♂ Amazonas (Bates).
- " 25. *Botys javanilis* F. & R. Himalaja. Pangi (Dr. Stoliczka).
- " 26. " *augustalis* F. & R. ♀ Mexico, Cuernavaca (Bilimek).
- " 27. *Aglossa steralis* F. & R. ♂ Afr. mer. Grahamstown.
- " 28. *Botys frustalis* Zeller. Lepid. micropt. q. Wahlberg in Caffr. terra colleg. 1852 p. 48. ♂; Africa mer. Knysna (Trimen) Plettenberg-Bay (M. C.).
- " 29. *Hypotia* (t. R. Led.) *solatina* F. & R. ♂ Afr. mer. Stellenbosch (Doctr. Trimen).
- " 30. *Botys obitialis* F. & R. ♀ Chile; ♂ major, pallidior (M. C.).
- " 31. " *ocdealis* F. & R. ♂ ins. nicobaricca Milu (Murzio 1858, Frauenfeld, M. C.).
- " 32. " *orbitalis* F. & R. ♂ Afr. mer. Grahamstown.
- " 33. " *heliocolis* F. & R. ♂ Bogota (Lindig); affinis Herbulae? *ilithmiali* Walk. list lep. ins. XVII p. 324.
- " 34. " *maorialis* F. & R. ♀ Nova Seelandia, ins. austr., specimen M. C. alas inf. magis infuscatas exhibet, ut H. *rusticalis* Hb. 121.
- " 35. " *otagalis* F. & R. ♂ Nova Seelandia.
- " 36. " *cormifer* F. & R. ♀ San Domingo (Tweedie) ♂ S. Thomas (M. C.).
- " 37. " *? fugalis* F. & R. ♂ Australis (M. C.).
- " 38. " *obliualis* F. & R. ♂ Africa mer., Murraysburg (Trimen).
- " 39. *Cledeophia incensalis* ♀ Lederer Wien. ent. Monat. VII 1863. 139. Bogota (Lindig).
- " 40. *Physematia? catusalis* F. & R. ♂ S. Domingo (Tweedie).
- " 41. *Scoparia* (Scopra Haw. Lep. britt. errata p. 590) *solalis* F. & R. ♂ Africa mer.
- " 42. *Botys procoralis* Led. var.? Mexico, Cuernavaca (Bilimek).
- " 43. *Aualthes? crimpes* F. & R. ♂ Amboina (Doleschal).

Geometridae.

- " 44. *Drapetodes ? maculata* F. & R. ♀ Java.

Erklärung der Tafel CXXXV.

Novara-Exped. zoolog. Theil, Band II, Abtheilung 2.

Fig. 1. *Blepharomastix? garzettalis* Feld. & Roghfr. ♂, fl. Amazonas (Bates) antennis dense ciliatis.
" 2. *Glyphodes? impuralis* F. & R. ♂, S. Domingo.
" 3. *Leucinodes luccalis* F. & R. ♂, fl. Amazonas (Bates).
" 4. *Nymphula* (Schck., Hüb., Hydrocampa Ltr. 1825) *lotinlis* F. & R. ♀, Brasilia.
" 5. *Botys* (Botis Swns., Zell.) *bentalis* F. & R. ♂, Australia (Angas).
" 6. *Zebronia* (Hüb. Verz. 361, Walk. = Spilomela Gué. gr. II) *magicalis* F. & R. ♂, Veragua; Chiriqui (M. C.).
" 7. " *ermiaea* F. & R. ♀, Venezuela (Morita) ♂, Chiriqui (M. C.).
" 8. *Botys witinlis* F. & R. ♀, insulae vitianae.
" 9. " *perticalis* F. & R. ♀, Bogota (Lindig).
" 10. " (Asopia? Wlk.) *abengtalis* Wlk. XVII. 371. Bengalia (Stoliczka).
" 11. *Diathrausta? aduncalis* F. & R. ♂, Nova Seelandia.
" 12. *Antigastra catalaunalis* Dup. ♂, Bengalia (Stoliczka) (M. C. Hügel).
" 13. *Botys moluccalis* F. & R. ♀, ins. moluce.
" 14. " *cuidalis* F. & R. ♂, Bogota (Lindig).
" 15. *Crambus interruptus* F. & R. ♂, Nova Seelandia, accedens aliquot Cr. falsello.
" 16. *Hyalea melanalis* F. & R. ♂, fl. Amazonas (Bates).
" 17. *Scoparia ustinuenta* F. & R. ♂, Nova Seelandia.
" 18. *Botys? phryganeurus* F. & R. ♂, fl. Amazonas (Bates); penultimum segmentum supra dense fuseo velutinum, ultimum segm. pilis fuseis scopuliformibus erectis indutum.
" 19. *Botys collaris* F. & R. ♂, Bogota (Lindig).
" 20. " *gollaris* F. & R. ♂, Bogota (Lindig).
" 21. " *debinlis* F. & R. ♂, Bogota (Lindig).
" 22. *Lepyrodes antomalis* F. & R. ♂, Africa mer., Knysna (Jan., Trimen).
" 23. *Diathrausta timaralis* F. & R. ♂, Nova Seelandia (Haast).
" 24. *Sirivocanta? amboinalis* F. & R. ♀, Amboina (Doleschal).
" 25. *Botys icarolis* F. & R. ♂, Bogota (Lindig).
" 26. *Marusaia? crilitalis* F. & R. ♂, ins. vitianae; ala ant. subtus ut fig. 14 in tab. 2 Lederer Beitrag. z. Kenntn. d. Pyraliden.

Fig. 27. *Botys borncalis* F. & R. ♀, Sarawak, Borneo, (♂ M. C.); aff. B. poensali Wlk. list lep. Ins. XVIII p. 717; color et squamae argenteae monent ad gen. Spanistam Led.
" 28. " *opalisans* F. & R. ♂, S. Domingo (Tweedie); in certo situ praecipue partis inferioris lucidi opalinus.
" 29. *Glyphodes Batesi* F. & R. ♀, fl. Amazonas (Bates); affinis Gl. sibillali Wlk.
" 30. *Botys atyrialis* F. & R. ♀, fl. Amazonas (Bates).
" 31. *Cirrhochrista funeipalpis* F. & R. ♀, ins. molucc. (Lorquin).
" 32. *Ercia? adustalis* F. & R. ♂, Bogota (Lindig).
" 33. *Botys palmalis* F. & R. ♀, fl. Amazonas (Bates).
" 34. *Polythlipta cerealis* Lederer Wien. ent. Monatschr. VII, 1863. p. 477. ♂, Java.
" 35. *Eudioptis* (Hüb. Verz. 359, Saunders trans. ent. soc. London n. s. I. 1851. p. 163, = Phakellura [Lansb. man.] Westwood introd. mod. classif. II. p. 401. 1840) *oleatis* F. & R. ♂, Bogota (Lindig).
" 36. *Botys albiceps* F. & R. ♂, Bogota (Lindig).
" 37. " *? eirronalis* F. & R. ♂, fl. Amazonas (Bates).
" 38. " *setoguttalis* F. & R. ♂, Amboina (Doleschal).
" 39. " *rufinalis* F. & R. ♀, Africa mer. Wynberg (Donbr. Trimen).
" 40. *Asciodes vulcanalis* F. & R. ♂, vulc. Chiriqui (Arcé); Veragua (M. C.) ventre et tarsis albidis.
" 41. *Botyodes flavibasalis* Moore proc. zool. soc. London 1867. 96. ♂, Jul. sept.; Darjeeling (M. C.).
" 42. *Conchylis Lindigiana* F. & R. ♀, Bogota (Lindig).
" 43. *Botys? caudacalis* F. & R. ♂, S. Domingo (Tweedie); pedes antici villosi.
" 44. *Botys brutalis* F. & R. ♂, Bengalia.
" 45. " *caudalis* F. & R. ♂, Guyana gallica; certo situ praecipue pagina albida inferior opalina (M. C.).
" 46. " *peltialis* F. & R. ♂, Mexico, Cuernavaca (Bilimek); ventre et pedibus albidis.
" 47. " *triumphalis* F. & R. ♂, Bogota (Lindig).
" 48. " *spilosoma* F. & R. ♂, fl. Amazonas (Bates).
" 49. *Hercules* F. & R. ♀, Bogota (Lindig) affinis B. ponderali Gué.
" 50. " *mactalis* F. & R. ♂, ins. vitianae.

# Erklärung der Tafel CXXXVI.

Novara-Exped. zoolog. Theil, Band II, Abtheilung 2.

Fig. 1. *Ceratoclasis barbicornis* Feld. & Roghfr. ♂, insul. vitianae.

„ 2. *Eromene zonella* Zeller ♂, Afr. mer. Capstadt (Xnvbr. Trimen), Cordofan (Kotschy), Ind. or. (Hügel, M. C.), palpi breviores, quam in E. ocellea Hw.

„ 3. *Cataclysta atrealis* F. & R. ♂, fl. Amazonas (Bates), magnit. aucta.

„ 4. *Desmia* (Asopia Hb. p.) *notalis* F. & R. ♀, fl. Amazonas (Bates), aff. D. elytialis Walk.

„ 5. *Omiodes ochrosema* F. & R. ♂, fl. Amazonas (Bates).

„ 6. *Botys* (Pyrausta Gué.) *vanalis* F. & R. ♂, Bogota (Lindig), magnit. aucta.

„ 7. *Cataclysta patnalis* F. & R. ♂, Calcutta (Stoliczka), Amboina (M. C.), magnit. aucta.

„ 8. „ *cervinalis* F. & R. ♀, Bogota (Lindig).

„ 9. „ *chalcitis* F. & R. ♂, Bogota (Lindig), magnit. aucta.

„ 10. „ *australis* F. & R. ♂, ins. vitianae, magnit. aucta.

„ 11. *Nymphula citrinalis* F. & R. ♀, Guyana, magnit. aucta.

„ 12. *Parapoynx halitalis* F. & R. ♂, fl. Amazonas (Bates, M. C.), magnit. aucta.

„ 13. *Parapoynx?* *gothicalis* F. & R. ♂, fl. Amazonas (Bates), tibiarum postic. calcar intermedium internum nigro cincinnatum, tarsi albi, nigro cingulati; magnit. aucta.

„ 14. *Cataclysta saucalis* F. & R. ♀, Bogota (Lindig), maris segmentum secundum cum cincinno albido dorso imposito ornatum, ut in fig. 29 tab. 1 Guénéi (M. C.).

„ 15. *Homura?* *granitalis* F. & R. fl. Amazonas (Bates).

„ 16. *Hemimatia?* *cacalis* F. & R. ♀, Guyana gallica.

„ 17. *Deuterollyta cristalis* F. & R. ♂, fl. Amazonas (Bates).

„ 18. *Homura miamalis* F. & R. ♂, fl. Amazonas (Bates).

„ 19. *Asopia?* *semnialis* F. & R. ♂, fl. Amazonas (Bates), magnit. aucta.

„ 20. *Pinacia?* (Geyer Zutr. IV. 1832. p. 15 = Filodes Gué.) *ocularis* F. & R. ♀, Manila (Lorquin).

Fig. 21. *Notophora?* *nubilis* F. & R. ♂, ins. moluce. (Lorquin).

„ 22. *Rhimphalea papualis* F. & R. ♂, Nova Guinea.

„ 23. *Glyphodes?* *dermatalis* F. & R. ♂, Guyana gallica; margo interior al. post. dense nigro pellitus; scapulae longitudine ut in g. Omiode.

„ 24. *Botys?* *concolor* F. & R. ♂, ins. moluce. (Lorquin), praecinctorium (tablier Guénée) limbo crispato.

„ 25. *Lepatigris* (Hb. Verz. 361 = Hyalitis Gué. gr. I) *jovialis* F. & R. ♂, ins. moluce. (Lorquin).

„ 26. *Glyphodes suavis* F. & R. ♀, fl. Amazonas (Bates).

„ 27. *Amblyura?* *flavinedia* F. & R. ♂, fl. Amazonas (Bates), accedens Phal. flavicinctall Sepp Surin. Vlind. III pl. 128 pag. 280.

„ 28. *Ethenistis?* *Eucarta* F. & R. ♂, ins. moluce.

„ 29. *Cliniodes?* *Nattereri* F. & R. ♀, fl. Amazonas (Bates), ♂ Bras. Ypanema (Natterer, M. C.), mas minor, ante medium costae inversum cincinnum gerens.

„ 30. *Erituns* (Walk. list lep. XXXIV, 1855, 1375 = Hyalitis Guénée groupe III) *pseudauxo* F. & R. ♂, fl. Amazonas (Bates), praecinctorium (tablier Guénée) affine fig. 27 pl. 1 Gué.; pedes nigriti.

„ 31. „ *croceipes* Walk. ♀, list lep. XXXIV. 1375 fl. Amazonas (Bates).

„ 32. „ *radialis* F. & R. ♂, fl. Amazonas (Bates).

„ 33. „ *minutis* F. & R. ♀, Guatemala (Salvin).

„ 34. „ *Evagra* F. & R. ♂, fl. Amazonas (Bates).

„ 35. „ *nitealis* F. & R. ♂, fl. Amazonas (Bates), pedes nigriti, tibiae intus et calcaria alba.

„ 36. *Botys macchinalis* F. & R. ♀, ins. moluce. (Lorquin).

„ 37. *Amblyura?* *grophitalis* F. & R. ♂, fl. Amazonas (Bates), antennae ut in fig. 1 pl. 1 Guénée Delt. et Pyr.

„ 38. *Glyphodes maralis* F. & R. ♀, Borneo. Sarawak (Wallace), affinis Gl. zelimali Walk. list lep. XVII, 502.

„ 39. *Idia?* (Hb. V. 346) *scopipes* F. & R. ♂, Bogota (Lindig), vertex dense albo hirsutus, palpi cum superantes, discus al. ant. et post. nigro vellutinum.

„ 40. *Agathodes* (Gué., Stenurges Led.) *margaritis* F. & R. ♂, Natalia. (d. Urban, Febr.).

Novara Exp. Zoolog. Theil. Bd. II., Abth. 2. Taf. CXXXVI.

Erklärung der Tafel CXXXVII.

Novara-Expedit. zoolog. Theil, Band II, Abtheilung 2.

Fig. 1. *Titeusa* Moore; Cosmethis Hb. Verz. 179 p. p.) *formosa* Feld. & Rogiffr. ♀. Ind. or. ♂. M. C.).
- 2. *Chilo ? cctabolis* F. & R. ♀. Bogota (Lindig).
- 3. *— cogatus* F. & R. ♀. Venezuela (Moritz M. C.).
- 4. *Eruga?* (Walker list XXX p. 980, 1864. *titawalis* (Zell. L. L.) F. & R. Brasil. Novo-Friburg (M. C.).
- 5. *Chilo compsarellus* F. & R. ♀. Bogota (Lindig).
- 6. *Aphomia? complana* F. & R. ♂. Amboina (Doleschal; M. C.).
- 7. *Galleria austriaca* F. & R. ♀. Africa mer. Knysna; verisimiliter forma G. melonellae L.
- 8. *Myelois? adorea* F. & R. ♂. Nova Seelandia. (Tweedie).
- 9. *Botys? limbalis* F. & R. ♀. fl. Amazonas (Bates); affinis Phal. Areae Cram. I. pl. 36. f. G. forsan specimen, cujus color primarius viridis fortasse madidulinae) expalluit.
- 10. *Tamyra* (H.-Sch. ex. p. 76) *phycoidana* F. & R. ♀. Brasilia; ♂ minor basim al. ant. anbenna instar bimaculatum exhibet, tibianum latum, validum (Schott, M. C.).
- 11. *— pusilla* F. & R. ♂. fl. Amazonas (Bates).
- 12. *— tumida* F. & R. ♂. Bogota (Lindig); magn. bis aucta.
- 13. *Catogelas?* (Walk. list XXVII. 191) *leucania* F. & R. ♂. Ceylon.
- 14. *Ambigura digiralis* F. & R. ♂. Bogota (Lindig).
- 15. *Tinayra splendida* F. & R. ♂. Guyana gallica na major; Brasil. Marabitanas (Natterer M. C.).
- 16. *— (= Casuaria* Wlk. list XXXV. p. 1597, 1866) *—* F. & R. ♂. Bogota (Lindig).
- 17. *Argyria* (Hüb. Verz. 372. 1816 = Catharylla Zell. Chil. & Cramb. 50 1865) *lucidella* Zeller ♂ Chil. & Cramb. 52, Bogota (Lindig) (Pyr. *nivalis* Drury illustr. II. 25. pl. XIV f. 4 hujus generis esse videtur).
- 18. *Crambus tolerabilis* F. & R. ♂. Nova Seelandia.
- 19. *Anerlolomus* (= Jartheza Walk. list XVII p. 184 1865) *indecis* F. & R. ♂. Calcutta (St.-Bexha).
- 20. *Myelois? ? illora* F. & R. ♀. Afr. m. Grahamstown (palpi desunt).
- 21. *Argyria innoxa* F. & R. ♂. Bogota (Lindig).
- 22. *— subtilis* F. & R. ♂. Bogota (Lindig); habitus A. *pusillla* Hb. Zutr. 167, magnit. aucta.
- 23. *Ambigura? palmipes* F. & R. ♂. tibiae medior etiam bis ciliciniatae; fl. Amazonas (Bates); magn. aucta.
- 24. *Chilo oblitteratellus* Zell. Chil. & Cramb. 8. fl. Amazonas (Bates).
- 25. *Crambus Ronsone* F. & R. ♂. Nova Seelandia.
- 26. *— gracilis* F. & R. ♂. Nova Seelandia magnit. aucta.
- 27. *Botys makanga* F. & R. ♂. Nova Seelandia magnit. aucta.
- 28. *Tosale?* (Wlk. list XXVIII. 417 *fistalis* F. & R. ♀. fl. Amazonas (Bates); discus al. ant. subtus uti al. post. supra dense atro squamatus; magnit. aucta.

Fig. 29. *Crambus tricolypatus* F. & R. ♀. Nova Seelandia, ins. Neumünster (♂. M. C.); magnit. triente aucta.
- 30. *— rotarilis* F. & R. ♂. Nova Seelandia, ins. Neumünster; variat signatura atra disjuncta (M. C.).
- 31. *— auronus* F. & R. ♂. Australia, Melbourne (♀ M. C.).
- 32. *— crassellus* Doubleday in Dieffenbach travels in New-Zealand II, p. 289, 1843, ♂. Nova Seelandia ins. Neumünster (Hochstetter ♂. M. C.).
- 33. *Scoparia pongalis* F. & R. ♂. Nova Seelandia.
- 34. *— manaria* F. & R. ♂. Nova Seelandia.
- 35. *Salebrenus?* (Walk. list XXVIII. 446, 1863) *gemalis* F. & R. ♂. fl. Amazonas (Bates); magnit. aucta.
- 36. *Tanyra gallosa* F. & R. ♂. Bogota (Lindig); hujus generis forsan T. Crameriana Cram. 318. f. J. K. esse videtur; magnit. aucta.
- 37. *Tosale? decipiens* F. & R. ♂. fl. Amazonas (Bates); al. ant. ad basim excavatae, cinerinatae; metatarsus et tibiae mediae fimbriatae; magnit. aucta.
- 38. *Metasia? lactealis* F. & R. ♂. Ceylon.

Tortricidae.

Fig. 39. *Grapholitha? robuta* F. & R. ♀. Nova Seel?
- 40. *Paedisca* (Led.) *maka naa* F. & R. ♀. Nova Seelandia, magnit. aucta.
- 41. *Tortrix? divorata* F. & R. ♂. Amboina (Doleschal); discus al. ant. subtus, uti al. post. supra grosse atro squamatus.
- 42. *Grapholithes* (Led.) *sinica* F. & R. ♀. Shanghai (4. Julio 1858, Frauenfeld; M. C.).
- 43. *— pruanta* F. & R. ♂. Nova Seelandia (M. C.).
- 44. *— xylnana* F. & R. ♀. Nova Seelandia.
- 45. *Tortrix (Cacoecia* Led.) *rapeana* F. & R. ♂. Nova Seelandia.
- 46. *— tutyana* F. & R. ♂. Nova Seelandia.
- 47. *Rhacodes roreana* F. & R. ♂. Nova Seelandia.
- 48. *Conchylis (Dapsilia* Hb. p.) *Trimeni* F. & R. ♂, Cap b. sp. Wynberg (Trimen).
- 49. *Grapholitha Novarana* F. & R. ♀. ins. nicobarica Kondul (20. Martio 1858, Frauenfeld M. C.).
- 50. *Tortrix* (*Acleris* Hb. Verz.) *Aleonia* F. & R. ♀, Africa m. Grahamstown, magnit. aucta.
- 51. *Conchylis Trimeni* F. & R. ♂. Cap b. sp., forma minor fig. 48 (M. C.).
- 52. *Tortrix horana* F. & R. ♂. Nova Seelandia; pedes extus fusci; specimen M. C. pallidior; magnit. aliquid aucta.
- 53. *Phthoroblastis usurana* F. & R. ♂. Bogota (Lindig); magnit. aucta.
- 54. *Penthina* (Led.) *bryana* F. & R. ♀. Ceylon, Rambodde (Nietner).
- 55. *Grapholitha picturana* F. & R. ♂. Nova Seelandia; margo anterior al. post. ad basim penicillum gerens.
- 56. *— auxilana* F. & R. ♂. patr.? magnit. aucta) & habitus G. coronillanae Z.

Fig. 44. *Atychia querrula* F. & R. ♂, fl. Amazonas (Bates.)

" 45. *Cisthene?* (Walk. list II. 533) *suspecta* F. & R. ♂ fl. Amazonas (Bates).

" 46. *Scardia? ruderella* F. & R. ♀, fl. Amazonas (Bates).

" 47. *Cryptolechia flaricosta* F. & R., ♀ fl. Amazon s (Bates).

" 48. *Oecophora bimaculana* ♂ Donovan gen. illustr. I. (1805) pl. 40. Fg. *₄ Oec. bimaculella Newm. trans. ent. soc. London n. s. III 1855. 295. Australia (Angas); Tasmannia (♀ M. C. Bauer).

" 49. *Micza?* (Walk.) *picta* F. & R. ♂. Australia Cap York.

" 50. *Eustixis? Chrysauge* F. & R. ♂, fl. Amazonas (Bates); palpi desunt.

" 51. *Cryptolechia fraterna* F. & R. ♂, fl. Amazonas (Bates).

" 52. *Hypocrita? trichiura* F. & R. ♂, fl. Amazonas (Bates); tibiae posticae intus nigro villosae.

" 53. *Micza? erythocera* F. & R. ♀, Australia, Cap York.

" 54. *Cryptolechia diffinis* F. & R. ♂, Chile.

" 55. *Cisthene? Aglaope* F. & R. ♂, fl. Amazonas (Bates); duo segmenta penultima lateraliter luteo penicillata.

Fig. 56. *Hypercallia confinella* F. & R. ♀. Bogota (Lindig); ad finem coll. medianae al. ant. squama crocea.

" 57. *Cryptolechia hospita* F. & R. ♀, Australia, Cap York (M. C.).

" 58. *Botys? metallescens* F. & R. ♀, Bogota (Lindig); palpi nigri, subtus albi.

" 59. *Eretmocera? flaripennis* F. & R. ♂, Amer.?

" 60. *Autacotricha marmorea* F. & R. ♂, fl. Amazonas (Bates); aff. A. umbratellae Walk. list XXIX. p. 773.

" 61. *Apiletria? haematella* F. & R. ♀, ins. Mauritius; palpi desunt.

" 62. *Eretmocera? acuiceps* F. & R. ♀, Bogota (Lindig).

" 63. *Cisthene corvina* F. & R. ♂, ins. vitianae.

" 64. *Cryptolechia fuccosa* F. & R. ♀, fl. Amazonas (Bates).

" 65. *Cryptolechia leprosa* F. & R. ♂, fl. Amazonas (Bates); nonnihil affinis Phal. (Tinea) cicadellae Sepp. surin. Vlind II. pl. 80.

" 66. *Autacotricha herilis* F. & R. ♂, Guyana gallica, Brasil. (M. C.).

" 67. *Cryptolechia elatior* F. & R. ♂. fl. Amazonas (Bates).

Erklärung der Tafel CXXXVIII.

Novara-Expedit. zoolog. Theil, Band II, Abtheilung 2.

Fig. 1. *Setiostoma* (n. g. Zeller, Verh. zool. bot. Ges. 1875) *flaviceps* Feld. & Roghfr. ♂, fl. Amazonas (Bates); ♀ major, margo anticus al. ant. magis luteovarius.

„ 2. *Choreutis? arucignita* F. & R. ♂, fl. Amazonas (Bates); affinis Simaethi plutusanae Walk. list XXVIII p. 453.

„ 3. *Choreutis suavis* F. & R. ♂, fl. Amazonas (Bates).

„ 4. *Oecophora? ambigua* F. & R. ♂, fl. Amazonas (Bates).

„ 5. *Grapholitha plectana* F. & G. ♂, fl. Amazonas (Bates); affinis Carpocapsae quinquestrignae Walk. list XXXV. 1796 et T. Esperianae Cram. uitl. Kap. tab. 381 f. K.

„ 6. „ *ligurana* F. & R. ♂, fl. Amazonas (Bates, M. C.).

„ 7. „ *Borbana* F. & R. ♂, fl. Amazonas (Bates).

„ 8. „ *subtilana* F. & R. ♀, fl. Amazonas? ♂ alae post. et pars inferior magis infuscatae (M. C.).

„ 9. „ *? trabeana* F. & R. ♀, fl. Amazonas (Bates); affinis Tortr. Swederianae Stoll suppl. 75, pl. XVI f. 5.

„ 10. *Carpocapsa firmana* F. & R. ♂, fl. Amazonas (Bates).

„ 11. *Penthina asturana* F. & R. ♀, fl. Amazonas (Bates).

„ 12. *Gauris* (Hb. Verz. 374) *arcigera* F. & R. ♂, fl Amazonas (Bates); pectus plerumque flavidi; tibiae et tarsi nigrocincti.

„ 13. *Choreutis ocularis* F. & R. ♂, Java.

„ 14. „ *Novarae* F. & R. ♂, insula nicobarica; Sambelong (22. Mart. 1858, Frauenfeld. M. C.); affinis Sim. bathusali Walker list XXVIII. 454.

„ 15. *Gauris tristis* F. & R. ♂, fl. Amazonas (Bates).

„ 16. *Simaethis? luteocera* F. & R. ♂, Amboina (Doleschall); accedens ad T. Houttuinistem Cram. Kap. IV. 192. tab. 384. f. L.

„ 17. *Penthina? dissimilis* F. & R. ♂, fl. Amazonas (Bates).

„ 18. *Dichrorampha* (Led., Hemimene Hb. p. Vz. 378) *coriana* F. & R. ♂, fl. Amazonas (Bates).

„ 19. *Simaethis basalis* F. & R. ♀, Amboina (Doleschall).

„ 20. *Gauris cinctipes* F. & R. ♂, fl. Amazonas (Bates); tenuiter ciliatae antennae et pedes nigri albo-cincti.

„ 21. „ *lacunaris* F. & R. ♂, fl. Amazonas (Bates); affinis G. ligerana Walk. list XXVIII. 419.

Fig. 22. *Micropsichia* (Hüb. Vz. 374) *Hubneriana* (♀?) Stoll suppl. à Cramer 41. tab. VIII f. 5.; fl. Amazonas (Bates); Brasil. (Kammerlacher, M. C.); differt capite obscuro (flavo in descriptione) c. Stolli.

„ 23. *Micropsichia superba* (M. C.) F. & R. ♀, fl. Amazonas (Bates) Venezuela (princ. de Sulkowsky 1843, M. C.); affinis T. Fueslinianae Cram. u. Kap. tab. 372 f. E. et P. renaudali Stoll l. c. 42 tab. VIII. f. 7, sed differt in parte inferiore limbo nigro strigato uti al. post. supra; specimen minus in coll. caes., a D. Hedemanno prope Potrero Januario 1866 captum.

„ 24. *Oecophora? litura* F. & R. ♀, fl. Amazonas (Bates).

„ 25. „ „ „

„ 26. *Carcina? luteola* F. & R. ♂, fl. Amazonas (Bates).

„ 27. „ „ „

„ 28. *Plagia? capsuales* F. & R. ♂, fl. Amazonas (Bates).

„ 29. *Rhinosia? ohgdella* F. & R. ♂, fl. Amazonas (Bates).

„ 30. *Salopola* (Walk. list XXVIII. 525. 1863) *hypotricha* F. & R. ♂, al. ant. discus subtus in longitudinem venae subdorsalis arcuatim testaceo fimbriatus, basis e. medianae al. post. supra antice nigro pone testaceo tomentosa; fl. Amazonas (Bates); forma major Marabitanas (Natterer M. C.), Gayana gall. (M. C.); potius ad Lithosidas referenda.

„ 31. *Simaethis? albipes* F. & R. ♂, fl. Amazonas (Bates); palpi desunt, facies allagnitens.

„ 32. *Penthina? lugubris* F. & R. ♀, fl. Amazonas (Bates).

„ 33. *Tinea? codrella* F. & R. Australia; palpi desunt.

„ 34. *Anisoctricha? affinis* F. & R. ♂, fl. Amazonas (Bates).

„ 35. *Cryptolechia genetta* F. & R. ♂, fl. Amazonas

„ 36. „ *cruenta* F. & R. ♂, fl. Amazonas ♀ (M. C.) aff. Crypt. humili Zell.

„ 37. „ *? cava* F. & R. ♂, fl. Amazonas (specimen valde laesum).

„ 38. „ *cretifera* F. & R. ♀, Bogota (Lindig).

„ 39. *Conoeca* (Scott austral. lepid. & th. transf. pl. III. 26, pl. 9. 1865) *irrorea* F. & R. ♂, Australia.

„ 40. *Idem* ♀.

„ 41. *Cryptolechia pallicosta* F. & R. ♀, fl. Amazonas (Bates).

„ 42. *Apletria? marcida* F. & R. ♂, Australia.

„ 43. *Gelechia? fuliginosa* F. & R. ♂, fl. Amazonas (Bates). ♀ (M. C.)

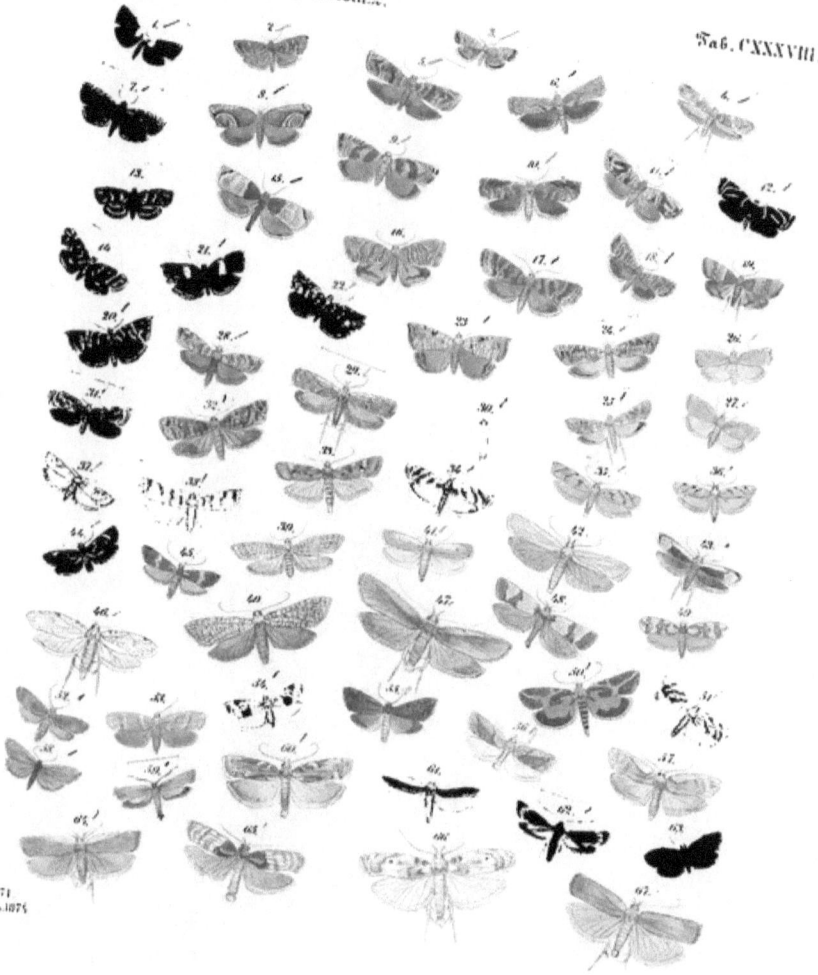

Fig. 40. *Grapholitha egregiana* F. & R. ♀, Amboina (Doleschall).
„ 41. *Atteria* (Walk. list XXVIII. 421) *pantherina* F. & R. ♀, Bogota (Lindig), Nova Granada (pr. de Sulkowsky, M. C.).
„ 42. *Atteria mimica* F. & R. ♀, Bogota (Lindig); affinis A. volcanicae Butler Lep. exot. pl. LXI f. 4., Cistula IV. 90, 1872.
„ 43. *Micza nervosa* F. & R. ♀, Bogota (Lindig).
„ 44. „ *mariota* F. & R. Australia, Cap York.
„ 45. *Tortrix* (Cacoecia Led.) *useprana* F. & R. ♂, Venezuela (Moritz).
„ 46. *Tortrix* (Heterognomon Led.) *leprana* F. & R. ♂, Bogota (Lindig).
„ 47. „ *stupeana* F. & R. ♀, fl. Amazonas (Bates).
„ 48. „ *capitana* F. & R. ♂. Afr. mer.

Fig. 49. *Idea* ♀, Afr. mer.; affinis Ter. reciprocanae Walk. list XXVIII. 295.
„ 50. *Scardia? nivosa* F. & R. ♀, Brasilia; forma minor Novo-Friburg (M. C.).
„ 51. *Cerace* (Walk. list XXVIII. 422. 1863) *guttana* F. & R. ♀, Silhet?
„ 52. *Arera?* (Walk. list II. 525) *jubata* F. & R. ♂. Venezuela (Moritz); subtus vena subdorsalis al. ant. silaceo jubata, discus tomentosus.
„ 53. *Cyae? luzonica* F. & R. ♂, Manila (Semper).
„ 54. *Hypoprepia? haematopus* F. & R. ♀, Assam.
„ 55. *Idem* ♂.
„ 56. *Cryptolechia grandis* Perty Delect. anim. Artic. p. 163 (Yponomeuta, non Pyralis sicut e. Zeller in Linnaea IX. p. 378 scripsit) tab. 32 f. 12. ♀. Guyana gall. (M. C.).

Erklärung der Tafel CXXXIX.

Novara-Expedit. zoolog. Theil, Band II, Abtheilung 2.

Fig. 1. *Adela aethiops* Feld. & Roghfr. ♂, Australia (Angas).
" 2. *Tinea? birivgella* F. & R. ♂, Bogota (Lindig).
" 3. *Cisthene hilaris* F. & R. ♀, "
" 4. " *rufibasis* F. & R. ♀, Bogota (Lindig); antennae squamosae et breviter setosae.
" 5. *Pitane? biplaga* F. & R. ♂, Sarawak, Borneo (Wallace).
" 6. *Ochsenheimeria? squamicornis* F. & R. ♀, ins. vitianae, Australia? (M. C.).
" 7. *Colletria* (n. g. Zeller 1875) *pyrrhorroeis* Z. ♀, Bogota (Lindig, ♂ M. C.).
" 8. *Opogona* (Zell. 3 jav. Nachtf. 1853 Bull. 504) *fumiceps* F. & R. ♂, Ceylon (Nietner) facies albida ;palpi mutilati.
" 9. *Badera* (Walk. list XXXV. 1819) *nobilis* F. & R. ♀, Amboina (Doleschall); ♂ aliquanto major, ejus angulus analis al. post. productus et partim limpidus (M. C.).
" 10. *Cisthene? eucora* F. & R. ♀, Bogota (Lindig).
" 11. *Scepsis? unicolor* F. & R. ♀, Mexico (Bilimek, M. C.).
" 12. *Lithosia* (Crambidia Pack?) *Procris* F. & R. ♀, Bogota (Lindig, M. C.).
" 13. *Cryptolechia intermedia* F. & R. ♂, Ceylon.
[1]" 14. *Cyrtochila?* (Feld. Nov. tab. CV. f. 15) *marginalis* F. & R. ♂, ins. moluc. (Lorquin) margo anterior al. post. catus arcuatus et incrassatus, squamis grossis, planisque indusus; antennae basin versus squamis incrassatae.
" 15. *Cyme? ochropyga* F. & R. ♂, ins. moluc. (Lorquin).
" 16. *Anatolmis? viridiceps* F. & R. ♂, Bogota (Lindig).
" 17. *Hyponomeuta polystigmellus* Felder ♂, Wien. entom. Monatschft. VI, 40. 1862 = H. minuellus Walk. list XXVIII. 533. 1863. Niang-po.
" 18. *Ypsolophus? tricolor* F. & R. ♀, Batavia (Frauenfeld, M. C.), palpi desunt.
" 19. *Anarsia? montella* F. & R. ♂, Ceylon (Nietner).
" 20. *Cyme? pardalina* F. & R. ♀, ins. moluc. (Lorquin).
[2]" 21. *Amblothridia* (Wallgr. Eug. resa 1861. 385. sect. A.; = Oeta Grote, Zell. p.) *cuprina* F. & R. ♂, ins. moluc. (Lorquin) ♀ variat paucioribus guttis (M. C.).

Fig. 22. *Harpella? crassella* F. & R. ♂, Ternate; tibiae posticae supra nigro cincinnatae.
" 23. *Gelechia siquifera* F. & R. ♀, Ceylon (Nietner).
" 24. *Cryptolechia isabella* F. & R. ♂, fl. Amazonas (Bates).
" 25. *Amblothridia Iris* F. & R. ♀, ins. moluc. (Lorquin); aff. Att. impunctellis Rtts. pet. nouv ent. 1875, 126 ; differt pedibus concoloribus.
" 26. *Tmetoptera?* (Fel b Novara tab. CVI f. 29) *costosa* F. & R. ♂, ins. moluc. (Lorquin).
" 27. *Trichostibas* (Zell. Stett. Ztg. 1863, 150) *imitans* F. & R. ♂, Bogota (Lindig); differt ab T. fumosa Z. capite et abdomine aeneo squamatis, alis latioribus, deficiente macula ovata pulvilliformi; ♀ major, sine flocco pilorum in costae basi al. post. (in ♂ exstans) ovipositore instructa (M. C.).
" 28. *Cyme? princeps* F. & R. ♂, Amboina.
" 29. *Ilichromia? Taminia* F. & R. ♀, Java (specimale conservatum).
" 30. *Peecadia? subiella* F. & R. ♂, Africa mer. Grahamtown; palporum articulus 2. & 3. albus bis nigro annulatus.
" 31. *Penestoglossa* Roghfr. n. g. (πενεστος, pauper [Psilothrix Wocke in Cat. J. Lepidpt. eur. Faung. 1871. p. 267. nomen (in Col. & Neuropt.) ter lectum] *capensis* F. & R. ♂, Afr. mer. Knysna (Decemb. Trimen).
" 32. *Atychia? diabolus* F. & R. ♀, Amboina (Doleschall).
" 33. *Tortrix? aerothrum* F. & R. ♀, Mexico, med. Junio 1866 Chapultepec a D. Hedemannio capta; penultimum segmentum ventrale murino tomentosum et ultimum pilis pallidis scopuliformibus dense indutum (M. C.); similis fig. 18 tab. CXXXV b. o.; abdomen maris nulla re insigne (M. C.).
" 34. *Tortrix mirana* F. & R. ♂, Venezuela (Moritz).
" 35. *Aerolophus* (Poey cent. lep. d. Cuba pl. 20. 1832. ♂ =? *Anaphora Clemens*) *cossoides* F. & R. ♂, Brasilia, Ypanema (Natterer M. C.); Pinaris hamiferella Hb. Zutr. 441 etiam hujus generis esse videtur.
" 36. *Atychia quiris* F. & R. ♂, Cap b. sp. (Wynberg, Febr. Trimen).
" 37. *Miesa? phoenodes* F. & R. ♀, Australia?
" 38. *Ethmia? gnophrina* F. & R. ♀, Ternate, Amboina (M. C.).
" 39. *Semioscopis? trigonella* F. & R. ♂, Afr. mer. Knysna (April. Trimen).

[1] altera species propinqua asservatur in museo caesareo sub nomine: *Pelsula* n., fulvor, tota ochracea, capite, collari, abdominis basi, pedibus (exceptis tibiis anticis), et margine exteriore subtus nigrofuscis. ♂, Amboina (Doleschall).
[2] Amblothridiae species n. in museo caesareo: *albitarsis* n., nonnihil minor, omnino aurato-rosea, costa limbeque tenuiter (subtus magis) nigris, facies, fimbriae apicales et calvaria albae; antennae tenuiter serratae apicem versus albae; breves palpi pedesque violaceo-nigri; tarsi postici, solummodo ♂, albi, loris albis fimbriati et incurvuli, segmenta ventralia fusca, pone albo marginalia.

Fig. 49. *Oxyptilus* (s. a.) *ringens* F. & R. ♂, Nova Seelandia.
» 50. *Mimeseoptilus tenuis* F. & R. ♂, Bogota (Lindig).
» 51. » *posticus* F. & R. ♂, Bogota (Lindig).
» 52. *Aciptilia furcatalis* ♀, Walker? list XXX, p. 950, Nova Seelandia; var. ♂ forma minor (M. C.).
» 53. *Oxyptilus nubilus* F. & R., Bogota (Lindig); venter albidus.
» 54. *Amblyptilia Taprobanes* F. & R. ♂, Ceylon (Nietner).
» 55. *Platyptilia? stigmatica* F. & R. ♂, Bogota (Lindig).
» 56. *Aciptilia patroclis* F. & R. ♂, Nova Seelandia, ins. Neumünster (M. C.).

Fig. 57. *Platyptilia scutellaris* F. & R. ♂, Bogota (Lindig); metathorax et femora postica albe squamata.
» 58. *Platyptilia Haasti* F. & R. ♂, Nova Seelandia (M. C.).
» 59. *Cnemidophorus? alticola* F. & R. ♀, Himalaja (Stoliczka); antennae (valde curtatae) crassae, nigro squamosae, basi crocea.
» 60. *Mimeseoptilus subinus* F. & R. ♂, Caffraria, il. Baschee (J. Bowker).
» 61. *Stenoptycha* (Zell, Stett. Ztg., 1863. 154) *Lindigi* F. & R. ♂, Bogota (Lindig).
» 62. *Alucita* (? Paclia Walk. list. XXXV. 1846) *endactyla* F. & R. Bogota (Lindig) ♀ Brasil. (M. C.).
» 63. *Alucita capensis* F. & R. ♂, Afr. mer. Knysna, accedens ad cymatodactylam. Z.

Erklärung der Tafel CXL.

Novara-Expedit. zoolog. Theil, Band II, Abtheilung 2.

Fig. 1. *Gelechia fasciella* Feld & Roghfr. ♂, fl. Amazonas (Bates).
 " 2. *Gelechia ..neptella* F. & R. ♂. fl. Amazonas (Bates).
 " 3. *Glyphipteryx coluptella* F. & R. ♂, fl. Amazonas (Bates).
 " 4. *Simaethis? chalybea* F. & R. ♂, fl. Amazonas (Bates); pedes antici extus chalybei.
 " 5. *Gelechia albilimbella* F. & R. ♂, fl. Amazonas (Bates).
 " 6. *Laverna? viridella* F. & R. ♀, Australia (Angas); palpi desunt.
 " 7. *Oecophora tealcella* F. & R. ♂, fl. Amazonas (Bates); haustellum, venter et pedes subtus lutei.
 " 8. *Gelechia plejadella* F. & R. ♂, fl. Amazonas (Bates); lacies pedesque albida nitentes.
 " 9. *Lecithocera? obtecta* F. & R. ♀, fl. Amazonas (Bates).
 " 10. *Butalis? stellaris* F. et R. ♀, Bogota (Lindig).
 " 11. *Butalis sinensis* F. & R. (♀?). Shanghai (Frauenfeld. Aug. 1858. M. C.).
 " 12. *Gelechia? rostella* F. & R. ♂. Rio Janeiro (Frauenfeld. Aug. 1857. M. C.); palpi albi, confertim nigro annulati.
 " 13. *Setiostoma? hermithcis* F. & R. ♂. Bogota (Lindig); antennae tenuiter pectinatae; specimen valde laesum.
 " 14. *Gelechia? nidulla* F. & R. ♂, fl. Amazonas (Bates).
 " 15. *Glyphipteryx myella* F. & R. ♀, Bogota (Lindig).
 " 16. *Choregia* n. g. (Zeller 1875) *violacea* F. & R. ♀, fl. Amazonas (Bates, M. C.).
 " 17. *Choregia fulgens* Zeller (i. l.) ♂, Bogota (Lindig, B. de Nolcken); Cuhaja, Matto grosso (Natterer 1823. M. C.).
 " 18. *Zarathra?* (Walker list XXIX, 789, 1864) *americana* F. & R. ♂, fl. Amazonas (Bates, M. C.); corpus subtus et femora sericeo alba, palpi, tibiae et tarsi lutescentes.
 " 19. *Oecophora? scutella* F. & R., patria?
 " 20. *Lecithocera? gratiosa* F. & R. ♀, Bogota (Lindig).
 " 21. *Blabophanes insularis* F. & R. ♂, ins. nicobarica: Nankauri. med. Mart. 1858 (Frauenfeld. M. C.).
 " 22. *Eretmocera? ariaoides* F. & R. ♀. Sidney, Nov. 1858 (Frauenfeld. M. C.); affinis Fig. 59. tab. CXXXVIII huj. op.

Fig. 23. *Pitane? oblita* F. & R. ♂. Australia; antennae ciliatae.
 " 24. *Pitane subjuncta* F. & R. ♂. Australia: Melbourne (♀ M. C.).
 " 25. *Lecithocera? bruuniceps* F. & R. ♂, Bogota (Lindig).
 " 26. *Zaratha? nivcinentris* F. & R. ♂, Bogota (Lindig).
 " 27. *Cyane? orbicularis* F. & R. ♀, ins. nicobarica: Sambelong. m. Mart. 1858 (Frauenfeld. M. C.).
 " 28. *Pieadia Teras* F. & R. ♂, Nova Seelandia; ins. austr.
 " 29. *Chachylis? galbana* F. & R. ♀. Austral. Melbourne.
 " 30. *Tinea clathrata* F. & R. ♂, ins. vitianae. Australia (B. de Hügel. M. C.); accedens ad Pyr. australasiellam. Donovan gen. illustr. I, tab. 40 f. *,*.
 " 31. *Sigmora? heradiella* F. & R. ♂. Australia, Melbourne.
 " 32. *Atychia? illica* F. & R. ♂, Nova Seelandia.
 " 33. *Tortrix? insana* F. & R. ♀, Australia (Angas).
 " 34. *Cryptolechia galactina* F. & R. ♀. Nova Seelandia; ♂ venae al. ant. tenerrime remote nigro punctatae (M. C.).
 " 35. *Cryptolechia? alvcola* F. & R. ♀, Australia, Swan river (B. d. Hügel, M. C.).
 " 36. *Pitane amanda* F. & R. ♀, Australia.
 " 37. " *albicollis* F. & R. ♀, Australia (Angas).
 " 38. *Oecophora? ianada* F. & R., Nova Seelandia.
 " 39. *Glyphipteryx morangella* F. & R. ♀, Nova Seelandia; palpi albi apicem versus nigro triannulati.
 " 40. *Glyphipteryx tangella* F. & R. ♂, Nova Seelandia.
 " 41. *Oecophora molinella* F. & R. ♂, "   "
 " 42. *Stathmopoda? minjella* F. & R.; subtus nitide rimabarina; pedes desunt.
 " 43. *Gracilaria? chrysitis* F. & R. ♀. Nova Seelandia.
 " 44. *Blabophanes ananella* F. & R. ♀, Nova Seelandia (M. C.).
 " 45. *Gelechia tacagella* F. & R. ♂, Nova Seelandia, ins. Neumünster (M. C.).
 " 46. *Oecophora utvella* F. & R. ♀, Nova Seelandia (M. C.).
 " 47. *Oecophtlus languidus* F. & R. ♂, Bogota (Lindig).
 " 48. *Mimacoptilus* (Stenoptilia Hb.) *bogotanus* F. & R. Bogota (Lindig).

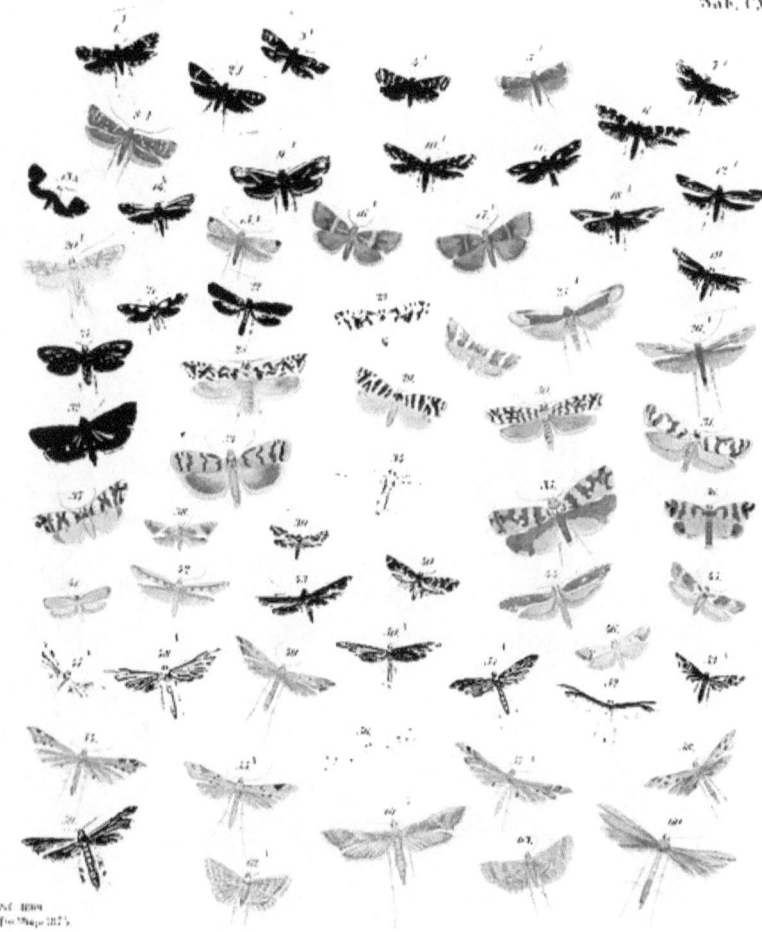